Em rota de fuga

Ensaios sobre escrita,
medo e violência

copyright Quadradocirculo & Hedra
edição brasileira© Quadradocirculo 2020
ilustração© Waldomiro Mugrelise
coordenação editorial Lucas Kröeff
coedição Suzana Salama
editor-assistente Paulo Henrique Pompermaier
projeto gráfico Quadradocirculo
ISBN 978-85-7715-621-4

Grafia atualizada segundo o Acordo Ortográfico da Língua Portuguesa de 1990, em vigor no Brasil desde 2009.

Direitos reservados em língua
portuguesa somente para o Brasil

EDITORA HEDRA LTDA.
R. Fradique Coutinho, 1.139
05416-011, São Paulo-SP, Brasil

Em rota de fuga
Fábio Zuker

Ensaios sobre escrita,
medo e violência

1ª edição

☐ O.org   hedra

Sumário

EM ROTA DE FUGA 7

Introdução 11

A pedagogia do medo 17

Vozes da Amazônia 95

Vertigem: por uma escrita do ruído 139

A incerteza política em 2018 195

Jair Bolsonaro: massa, vírus e poder 207

Cura, doença e tortura 229

Xamanismo na esplanada 239

Em rota de fuga

There's a lover in the story
But the story's still the same
There's a lullaby for suffering
And a paradox to blame
But it's written in the scriptures
And it's not some idle claim
You want it darker
We kill the flame

Leonard Cohen

Introdução

Horror vacui, o horror ao vácuo, ou o medo do vazio, é um dos princípios estéticos estruturantes do barroco e do rococó. Nenhum espaço vazio, sem preenchimento por imagens e desenhos pode existir. Linhas, traços, curvas e imagens devem ocupar, carregar, tornar o espaço cheio, repleto, maciço, apinhado, opressivo. Como traço estético, a história da arte está repleta de páginas acerca de sua origem céltica, islâmica, bizantina ou mesmo viking.

Mas foi ao longo do século XVII que o *horror vacui* tornou-se mais influente, senão mesmo preponderante, na produção artística da Europa Ocidental. Sempre me pareceu curioso que esse conceito estético tenha se desenvolvido concomitante à expansão colonial europeia com a estabilização dos impérios ultramarinos de Portugal e Espanha. Nada mais significativo, nesse sentido, do que a produção de mapas do período, em que todo espaço "vazio" é preenchido por textos, imagens de seres imaginários, de sereias, de monstros ou de animais exóticos.

O horror ao vácuo, o medo do vazio, emerge como um princípio estético conforme a um mundo a ser preenchido, dominado, colonizado. Um mundo em que outros povos, outras formas de vida e de organização da vida comum eram vistos pela Europa em expansão como definidos pela ausência: selvagens sem cultura, política ou religião. Uma missão civilizatória-genocida de longa duração, empreendida pelos povos europeus, objetivava preencher esse vazio constituinte do outro que, ao ser dominado, passaria a ter religião, a ter leis e bons hábitos morais. O outro como um vazio a ser preenchido à imagem de si, uma negação absoluta da alteridade, que torna indistinguível etnocídio e genocídio.

Talvez possamos aqui extrapolar o século XVII e a consolidação dos impérios coloniais de Portugal e Espanha e o genocídio da população ameríndia — em 500 anos, estima-se que 90% da população foi exterminada — para pensar o próprio conceito de poder no Ocidente, formado à imagem de um todo a ser preenchido. Uma concepção de poder dependente de uma temporalidade específica, marcada por um destino manifesto de expansão.

A forma mais bem acabada, a concepção mais bem definida da potência totalizante do poder foi elaborada por uma filosofia/sociologia política francesa ao longo da segunda metade do século XX. Certamente com objetivos críticos, elaborada por intelectuais militantes e em luta por formas de emancipação coletiva, mas nem por isso imunes à sedução de um conceito de poder com horror ao vazio, um poder que a tudo se aplica, que tudo estrutura, que tudo domina e produz.

O poder concebido como um espelho soberbo, que ao refletir a sua própria imagem em tudo, em tudo vê seu próprio reflexo.

Édouard Glissant, teórico martiniquenho, pensador da negritude e crítico pós-colonial analisa, em *A poética da relação*, essa afinidade entre a estética e o colonialismo. Ambos são formas de ordenação do mundo a partir de princípios hierárquicos já estabelecidos. Avessos à desordem, à confusão e ao vazio, a colonização e a estética trazem em si princípios organizacionais violentos. Em oposição à estética e sua forma de organizar o mundo, Glissant propõe uma poética da relação, diversa, emancipatória, alheia aos ditames da hierarquização, distante da imagem de um poder totalizante.

Outra inspiração direta para esse livro, e para além dele, é a obra da escritora norte-americana Susan Sontag. Em seu ensaio *Contra a interpretação*, a escritora elabora uma teoria-prática da apreciação estética anti-interpretativista, que consiste menos em buscar o que uma determinada obra de arte quer dizer, ou o que ela possa significar, e mais o que ela faz, como nos toca, como nos afeta. Elabora, assim, uma eroticidade da arte, sensível, epidérmica. Desloca o enfoque da representação para a agência.

De alguma forma, tento me aproximar dessas pessoas, imagens, histórias, livros ou obras de arte a partir de uma lógica estética da agência, do que se produz. Estética na medida em que criam outros mundos, outras formas de experiência e de sensibilidade, às quais cabe atentar.

Efetivas rotas de fuga.

ARTAUD E O TEATRO COMO PESTE

Em o *Teatro e a peste*, Antonin Artaud traça um paralelo entre o teatro e a peste bubônica. Após analisar os efeitos sociais, políticos e urbanísticos da doença, Artaud passa a descrever o corpo de alguém que morreu de peste: os órgãos internos estão intactos, suas funções orgânicas não são afetadas, embora seja possível percebê-los inflados, quase estourando, com um sangue escuro, pegajoso, que endurece o corpo.

Os únicos órgãos que se encontram deteriorados, gangrenados, são o cérebro e o pulmão. Precisamente, os dois únicos órgãos que dependem diretamente da vontade humana, afirma Artaud. Podemos regular pensamento e respiração de um modo que não podemos controlar rins e fígado — a ponto de existirem verbos próprios associados aos órgãos que controlamos (pensar, respirar), e inexistirem verbos exclusivos para rins, vesícula, fígado, etc...

Forma de morte peculiar, em que o corpo permanece com todas as funções que não controlamos intactas, mas perde o controle de tudo aquilo que acreditamos poder controlar. Para Artaud, nesse momento de perda de controle é que acontece o teatro. Quando as cidades são tomadas pela peste — sem limpeza pública, exército, polícia ou prefeitura — e os pobres que nela ficaram começam a saquear as casas dos ricos que escaparam, sem saber ao certo com que finalidade; é aí que acontece o teatro.

"A peste toma imagens adormecidas, uma desordem latente e as leva de repente aos gestos mais extremos; o teatro também toma gestos e os esgota: assim como a peste, o teatro refaz o elo entre o que é e o que não é, entre a virtualidade do possível e o que existe na natureza materializada".[1]

Resta saber como explorar a política enquanto teatro-peste de Artaud. A política em suas potencialidades disruptivas, enquanto questionamento da ordem nos moldes do poder.

O horror ao vazio e a política enquanto teatro-peste são duas imagens em tensão, que atravessam este livro.

---

1. ARTAUD, Antonin. *O teatro e seu duplo*. São Paulo: Martins Fontes, 2006, p. 23–24.

A pedagogia do medo

Este ensaio se divide em duas partes com diferentes pesos, que, a rigor, poderiam ser dois ensaios distintos. Decidi, porém, articulá-las em um mesmo texto na medida em que ambas abordam o sentimento de medo no âmbito da arte de governo neoliberal. A proposta é tentar examinar a questão de maneira mais livre, seguindo intuições e dando lugar para que estas se desenvolvam.

Na primeira parte, tento elaborar o que poderia ser uma crítica antropológica ao neoliberalismo, sob a perspectiva dos sentimentos de medo que este engendra e a relação deste com formas de violência. Argumento que o medo emerge como operador da competição e da concorrência, princípios basilares da visão de mundo neoliberal. O medo é também o substrato por detrás da lógica de que o mercado tem uma função pedagógica; sua capacidade não apenas de educar o ser humano, como de desvendar a sua verdadeira humanidade — esta imaginada como reflexo de sua suposta natureza competitiva. Não é nada espantoso que sociedades cujos valores mais elevados são a competição tenham também elevados níveis de violência.

Esboço, na segunda parte, a eficácia que imagens violentas e corpos mortos podem ter no interior dessa pedagogia do medo. Trata-se de pensar a ampla veiculação de imagens violentas, naquilo que elas buscam produzir de sentimentos e modelos de ação no mundo.

De alguma forma, este ensaio não passa de uma tentativa de refletir sobre a circulação de imagens na política entendida como necropolítica — na definição de Achille Mbembe — a capacidade de subjugar a vida ao poder da morte, criando o que o autor denomina "mundos de mortes", aos quais estão sujeitas partes consideráveis do globo.

NEOLIBERALISMO E A EDUCAÇÃO SENTIMENTAL

> O sonho, que logo será interrompido brutalmente pelas trevas do verdadeiro céu, desdobra a magia de um imenso espelho móvel e composto, ele mesmo, de infinitas superfícies refletoras. Esses espelhos de pura luz só podem brilhar no vazio, livres de opacidade. Os da vida presente e terrena são diferentes: refletem lucidamente nossa sombra, quando em nós cai a noite
>
> **Jean Starobinski**

O que o medo pode nos revelar sobre a política? Um dos capítulos mais recentes dessa relação histórica é o da governamentalidade neoliberal. Proponho seguirmos a proposta de Isabelle Stengers e Philippe Pignarre em *A bruxaria capitalista* de definir as coisas não pelo o que elas são, não uma definição pela sua essência, mas a partir de uma pragmática cujo foco se desloca para o que criam, como agem. Assim, uma análise do neoliberalismo sob o viés dos sentimentos que ele é capaz de engendrar — enfocando aqui o medo — permite, acredito, compreendê-lo em seu poder performativo de criar mundos, de inventar possíveis, e concretizá-los ao dar-lhes forma.

É na obra do Marquês de Sade que encontro um ângulo para me aproximar do capitalismo como máquina cujo funcionamento depende intrinsecamente da criação do medo. Para uns maldito, para outros delicioso (assim a ele se referem os surrealistas franceses), o mundo que Sade cria a partir de um olhar para o abjeto, para o violento escatológico, é o avesso do mundo concebido pela boa política republicana. Na criação desse mundo invertido, revelam-se as violências não evidentes que estruturam o projeto republicano francês.

A própria vida de Sade chama atenção: marquês decadente e imoral, é condenado à prisão na Bastilha, símbolo do Antigo Regime, por crimes violentos cometidos em meio a uma vida libertina. Parte de seus escritos foram justamente produzidos nos períodos passados em prisões e manicômios. *120 dias de Sodoma*, obra em que trabalhara ao longo de anos a fio, desapareceu, para o desespero do autor, durante a Queda da Bastilha em 14 de julho de 1789, momento áureo da Revolução Francesa, devendo Sade retomar a sua escrita internado em instituições manicomiais.

A filosofia na alcova é uma peça de teatro que leva a filosofia iluminista e seus ideais de liberdade e igualdade para este pequeno quarto adjacente à sala, também conhecido por ser utilizado como refúgio para encontros sexuais. A própria alcova como um pequeno quarto não oficial, ao lado da parte mais pública e visível de casas privadas, concentra em si o movimento do livro de Sade: levar a filosofia de criação de uma esfera pública que embasava a

Revolução Francesa para esse lugar recôndito, onde sua face não aparente possa ser explicitada.

A narrativa, então, se desenvolve a partir de um ritual de iniciação sexual e erótica de Eugénie, uma jovem a quem a libertina Madame de Saint-Ange quer iniciar nos mistérios mais secretos de Vênus, junto a alguns de seus amigos, entre eles Dolmancé, sodomita convicto, o mais excessivo, abundante e profuso instrutor de orgias da França. Uma verdadeira antipedagogia, avessa aos padrões de moralidade e normalidade, tem lugar, implicando uma espécie de aprendizagem também aos seus leitores, de ambos os gêneros, convidados a buscar na história de Eugénie práticas libertinas como formas de libertação de si.

Em meio a cenas de sexo desenfreadas e intermináveis, em que todas as posições e formações possíveis são testadas, a narrativa se interrompe para a leitura de um panfleto, trazido por Dolmancé. *Franceses, Mais um Esforço se Quiserdes Ser Republicanos*, propõe a necessidade de uma refundação moral e uma sociedade sem Deus como passos determinantes para a construção de uma sociedade igualitária. A ironia é patente: Dolmancé o retira do bolso, em meio à orgia, após uma demanda de Eugénie por instruções eróticas, trazendo-o diretamente do Palácio da Igualdade.

Onde a filosofia iluminista via os benefícios de uma vida comum baseada em uma legislação que a todos garantisse igualdade, Dolmancé denuncia a violência inerente a tais proposições. De modo absurdo, com traços que serão posteriormente retomados pelos surrealistas, a voz de Sade se confunde com a de Dolmancé, criticando um por um os pontos do panfleto republicano. Em tom anticlerical, Dolmancé considera a religião o maior inimigo da liberdade almejada, e critica sua transposição para a educação cívica e à forma de culto laico ao Estado.

Nessa inversão, Dolmancé reivindica a prerrogativa de cometer atos violentos como parte de sua liberdade, e acusa as violências arbitrárias da imposição de modos de vida pela República. É toda a forma de vida que a República Francesa deseja criar que, como em um jogo de espelhos, emerge como violenta e desumana, pela denúncia feita por um grupo de libertinos em meio a orgias.

A articulação entre discurso da liberdade e práticas violentas e corporais cria em Sade uma defesa radical da libertinagem como forma de vida ao questionar o próprio programa de gestão da vida, da arte de governar esboçada pela República em plena instauração. Trata-se de um olhar sobre tudo que excede os discursos políticos de sua época.

Inspirado menos pela temática orgiástica e mais por esse movimento de Sade em *A filosofia na alcova* de buscar as formas de violência presentes nas propostas da arte de governar republicana, apresento abaixo alguns aspectos do neoliberalismo enquanto máquina de criação de formas de vida, nas quais medo e violência são constantes. Se a concorrência é a base da governamentalidade neoliberal, ela só funciona ao estimular o cultivo de sentimentos de medo frente ao outro.

Dito de outro modo, parto da ideia de que o enfoque na própria estrutura do mercado como mediador de problemas sociais, políticos e pessoais, amplamente embasado na concorrência e na competição, não pode existir senão dependente do cultivo do medo como produtor de subjetividades. A questão não é exatamente a existência do medo ou não, mas o seu uso político em processos de assujeitamento no interior da arte neoliberal de governar corpos. Mas antes, vale fazer um breve contorno para explicitar, ainda que em sobrevoo, aquilo que certos autores críticos entendem como características políticas inerentes ao neoliberalismo — dos quais trago inspirações para esta reflexão.

O desafio colocado por autores como Michel Foucault, Giorgio Agamben, Sayak Valencia, Achille Mbembe, entre outros, consiste em pensar o neoliberalismo para além das práticas pelas quais a agenda neoliberal se traduz nos debates políticos ordinários — usualmente marcada pela dobradinha privatizações e redução do Estado como forma de manutenção do mercado livre. O neoliberalismo, de acordo com o pensamento de Friedrich von Hayek, vai muito além disso: almeja tornar-se uma nova forma de entender a maneira pela qual podemos conhecer o mundo.

Hayek acredita ter encontrado no Mercado uma maneira objetiva de observar, conceber e planejar o mundo. E a competição como a única forma legítima de organizar a sociedade. A fundamentação e legitimação do Estado, para muitos neoliberais, não estaria nem na classe (como desejavam os marxistas), nem na cultura ou raça (como pretendiam os nazifascistas), mas na econômia ordenada pela livre concorrência.

Segundo o escritor britânico Stephen Metcalf, trata-se, para Hayek, da possibilidade de "estruturar toda a realidade pelo modelo da competição econômica".[1] Como quase todas, senão todas, as atividades humanas tomam a forma do cálculo econômico, então podem ser compreendidas com maior precisão a partir de conceitos como riqueza, valor, troca, custo e, especialmente, preço. Para que este sistema funcione, basta que as pessoas busquem os seus interesses próprios, que são equacionados pelo mercado, gerando um bem comum. Diferente do liberalismo clássico, regido pelo *laissez-faire*, o neoliberalismo

1. "Neoliberalism: the idea that swallowed the world", *The Guardian*, 18/08/2017.

demanda ativamente que o Estado crie as condições que garantam a competição e o funcionamento dos mecanismos de precificação.

Michel Foucault, quando começa a se debruçar sobre a forma de governo neoliberal, elabora o conceito de governamentalidade:

Por "governamentalidade" entendo o conjunto constituído pelas instituições, procedimentos, análises e reflexões, os cálculos e as táticas que permitem exercer essa forma bem específica, ainda que complexa, de poder que tem por alvo principal a população, por forma maior de saber a economia política, por instrumento técnico essencial os dispositivos de segurança. Segundo, por "governamentalidade" entendo a tendência, a linha de força que, em todo o Ocidente, não cessou de conduzir, e desde muito tempo, à preeminência deste tipo de poder que podemos chamar de "governo" sobre todos os outros: soberania, disciplina, e que, por uma parte, levou ao desenvolvimento de toda uma série de aparelhos específicos de governo [e, de outra parte], ao desenvolvimento de toda uma série de saberes.[2]

O desafio para se compreender o neoliberalismo como uma arte de governo específica, pela ótica da governamentalidade, diz respeito à forma de gestão da vida, através da qual as pessoas passam a ser compreendidas como empresas em incessante competição. Nesse âmbito, e em outro momento de

---

2. FOUCAULT, Michel. *Sécurité, territoire, population: cours au Collège de France, 1977--1978*. Paris: Gallimard/Seuil, 2004, p. 111–112 (trad. minha).

sua obra,[3] Foucault explora de que maneira o mecanismo disciplinar da loucura é ampliado para formas de gestão da vida como um todo, para além dos manicômios. De certa forma, a gestão da loucura é um laboratório para a gestão da vida. De maneira análoga, a gestão econômica e empresarial projetada pela arte de governo neoliberal é ela mesma um exercício de formulação para a gestão da vida.

Sayak Valencia, em *Capitalismo gore*, e Achille Mbembe, em *Necropolítica*, promoveram um deslocamento analítico na forma como o neoliberalismo vinha sendo criticamente analisado. Deixando de lado o modelo biopolítico proposto por filósofos europeus como Michel Foucault e Giorgio Agamben, Valencia e Mbembe ressaltam que as formas de gestão da vida no neoliberalismo são indissociáveis das formas de gestão da morte, da decisão entre quem vive e quem morre.

Existe uma realidade violenta que o neoliberalismo cria em suas margens, ou em zonas específicas do globo, verdadeiras zonas extrativas de recursos naturais, mão de obra barata, tempo e vida. Regiões que são alheias à imagem que o neoliberalismo cria de e para si mesmo. Ou que não parecem ter lugar nos discursos neoliberais sobre a forma de governo proposta.

---

3. FOUCAULT, Michel. *O nascimento da biopolítica*. São Paulo: Martins Editora, 2008.

No mercado livre, em sua concepção neoliberal, a concorrência opera de forma plena e possui potencial explicativo absoluto, tido como o mecanismo mais eficiente para ordenação social e política. Por ele tudo pode ser explicado, e funcionar perfeitamente, desde que as garantias da livre concorrência estejam asseguradas. Ao Estado cabe, justamente, assegurar que a livre concorrência entre partes tenha lugar, ainda que para isso reelabore o seu aparato legal, com uma nova correlação entre moral, "normalidade" e punição, para garantir que partes não atrapalhem umas às outras na livre concorrência. É a própria definição da economia como "melhor forma de gestão de bens limitados" que possibilita a lógica concorrencial.

O mercado ideal, e a economia política neoliberal, funcionam embasados nesse idealismo; parecem forjados à imagem do conceito de guerra de todos contra todos de Thomas Hobbes. Não se trata de uma guerra efetiva, mas do cálculo diante da ameaça, da possibilidade do outro empreender uma ação violenta contra mim. Na lógica dessa guerra, devo me armar e me assegurar para, no caso dessa ameaça se tornar crível, poder dela me defender. Essa imagem do Mercado como um estado de guerra que lhe constitui à sua semelhança é naturalizada. Não se trata de uma opinião política, nem de ideologia. Para os seus defensores, é um argumento totalizante: essa é a realidade. O mundo simplesmente é assim, a natureza é assim, e qualquer opinião divergente é uma visão política ideológica, não natural, distorcida.

Os efeitos desse mecanismo competitivo à moda da guerra, sejam eles sociais (como o aumento da desigualdade e da violência), sejam eles subjetivos (como os altos índices de depressão, ansiedade e suicídios), sejam eles ambientais, estão, a rigor, aquém da lógica do Mercado. São presenças incômodas, pois ameaçam a coerência absoluta de seus axiomas. E quando se inserem na lógica do Mercado, é para que partes possam obter lucros, e criar novos nichos de competição: o mercado da segurança e dos condomínios murados para lidar com a violência e a desigualdade, a indústria dos antidepressivos para lidar com as subjetividades destroçadas pela competição, os mercados de precificação de carbono para lucrar com a crise ambiental.

Diante de um princípio lógico e coerente, sem nenhum tipo de contradições ou ambivalências, como se apresenta o Mercado na visão de Hayek, capaz de entender o mundo como se deve a partir do mecanismo de precificação, o mundo palpável, sensível, vivível, é relegado a um segundo plano; desmerecido, pois incoerente, contraditório e, de certo modo, rebelde a leituras demasiado estáticas. Aos olhos do Mercado, a busca por compreensão das volatilidades e contradições que marcam a experiência de vida, do sensível, já não mais podem inspirar a construção de uma política da vida comum.

O mercado, como uma utopia coerente, em que tudo faz sentido, converte o mundo palpável, sensível, em uma verdadeira distopia.

Sentir medo é um estado afetivo corriqueiro, cotidiano, em nada excepcional. Positivo, na medida em que associado a um estado de autopreservação e cuidado de si. Entretanto, explorar o uso político do medo como forma de subjugo e dominação abre perspectivas para o entendimento do exercício do poder de mando e da arte de governo — como o fazem diversos filósofos políticos, entre eles Hannah Arendt, em *Origens do totalitarismo*, acerca do nazifascismo europeu.

Enquanto sentimento, o medo é marcado por uma ambivalência, definindo-se como um "estado afetivo suscitado pela consciência do perigo ou que, ao contrário, suscita essa consciência", segundo o dicionário Houaiss. Ou seja, o medo é tanto fruto da consciência do perigo como motivador dela. Tal definição aponta para algo de forjado na sensação do medo, mas não por isso menos real, já que concreto.

Proponho pensar o medo em contraste com o estado melancólico, definido por uma assincronia entre o tempo interior e o movimento das coisas exteriores. A oscilação entre exaltação e abatimento produz a dinâmica melancólica. O melancólico é aquele que ora aparece frenético, acelerado diante de um tempo lento, pesado, imutável, por vezes sufocante, ora destruído por sua incapacidade de interagir junto ao "espetáculo exterior que se acelera vertiginosamente".[4]

Vale uma breve incursão em como a sensação de medo foi explorada pelo nazifascismo no século xx, e em sua própria forma de produção. Não para traçar semelhanças ou afirmar que seja a mesma coisa, e sim para melhor apontar diferenças e particularidades em como o neoliberalismo reorganiza a sociedade a partir da ideia de competição e do uso político que faz do medo.

Esse estado de descompasso temporal entre o eu e o mundo, na oscilação entre exaltação e paralisia, é um estado moderno por excelência, reflexo da aceleração das mudanças ocorridas entre o final do século xix e início do século xx. Essa oscilação sentimental própria da melancolia torna-se um sentimento básico a ser explorado pela política no século xx, principalmente pelo nazifascismo europeu, que depende da exploração dos sentimentos de ação gloriosa, exaltação patriótica, transformação ativa de um mundo em oposição à sua degeneração moderna, por um lado; e o estado estático, imobilizado, subserviente, inerte, de cabeça baixa, consentindo a todo tipo de violência, por outro.

4. STAROBINSKI, Jean. *A melancolia diante do espelho*. São Paulo: Editora 34, 2014, p. 59.

Como forma de governo, o nazifascismo depende de uma verdadeira máquina de produção de sentimentos.

Em *O fim do homem soviético*, a jornalista e escritora Svetlana Aleksiévitch reconta a história do stalinismo e seus efeitos na sociedade soviética a partir das memórias de medo e violência sofridas pela população. A autora relata, surpreendentemente com um tom nostálgico, as conversas em tom de fofocas políticas na União Soviética, em que famílias inteiras, compartilhando apartamentos abarrotados e com medo de telefones grampeados, ligavam a televisão bem alta, e iam à cozinha falar mal do Estado e seus governantes. Soube-se depois que o próprio Stalin se valia dessa técnica, com receio de ser traído pelas escutas em seu telefone. De acordo com diversos historiadores, os expurgos políticos realizados por Stalin, com assessoria de seu temerário aliado Lavrenti Beria, teriam sido catalisados tanto pelo medo que tinha Stalin de Beria, como pelo medo de Beria por Stalin.

No totalitarismo nazisfascista, o medo é reificado, ganha uma realidade para além das pessoas e dos lugares por elas ocupados. Os homens eram, em suma, tornados supérfluos, como bem argumenta Hannah Arendt em *Origens do totalitarismo*:

A diferença fundamental entre as ditaduras modernas e as tiranias do passado está no uso do terror não como meio de extermínio e amedrontamento dos oponentes, mas como instrumento corriqueiro para governar as massas perfeitamente obedientes. O terror, como o conhecemos hoje, ataca sem provocação preliminar, e suas vítimas são inocentes até mesmo do ponto de vista do perseguidor (...) leva à situação na qual jamais ninguém, nem mesmo o executor, está livre do medo.[5]

"Mesmo uma paisagem tranquila... mesmo uma pradaria com voo de corvos, com montes de ervas... mesmo uma estrada onde passam carros, camponeses, casais... mesmo um vilarejo de férias com um campanário, podem simplesmente conduzir a um campo de concentração". Essa frase é narrada no filme *Noite e neblina* (1955), de Alain Resnais, em voz over, enquanto a imagem de uma pradaria aparentemente pacata e vazia revela aos poucos, acompanhando a fala, a existência dos resquícios de um campo de concentração. O filme concentra em 32 minutos um dos momentos mais perturbadores da história do cinema: uma imagem que se constrói entre a necessidade ética e política de dar forma e tornar visível o horror do genocídio judaico do século XX, por um lado, e a sensação de insuficiência, de que seria impossível imagens apresentarem o que foram as máquinas da morte.

---

5. ARENDT, Hannah. *Origens do totalitarismo*. São Paulo: Companhia das Letras, 2012, p. 29-30.

O filme foi lançado cerca de dez anos depois da queda do nazismo, a dificuldade de se acreditar que existiu nesses amplos descampados um campo de concentração é similar à dificuldade de entendê-los como produto de uma sociedade determinada, de pessoas de carne e osso, que saíam da administração de Auschwitz e iam jantar com suas famílias e cuidar dos seus filhos. *Noite e neblina* não exibe nem recria cenas de assassinato coletivo. O que é mostrado são as reminiscências do extermínio: as imagens impactantes feitas pelos aliados sobre os montes de corpos, as estruturas do campo de concentração vazias, sem prisioneiros, delineando a difícil barreira a ser transposta, a dificuldade de se ter uma imagem da rotina, da vida nos campos da morte.

O filme tenta tornar público, tornar visível para o espectador, aquelas estruturas que haviam sido planejadas, através de todos os dispositivos políticos, arquitetônicos e engenheirísticos então disponíveis, para tornarem invisível o que acontecia nos campos de concentração. Toda a tecnologia da época estava disponível para auxiliar que o inimaginável, o extermínio industrial de toda uma população, tivesse lugar.

A contrapelo, Resnais evidencia aquilo que o nazismo tem em comum com os modos de produção de mercadorias pelo capitalismo na primeira metade do século XX. A organização industrial da morte em campos de concentração obedece ao mesmo princípio de racionalidade e maximização do lucro que qualquer outra atividade comercial ou industrial. Havia concorrência entre as empresas dispostas a prestar seus serviços, e cálculos racionais objetivando maximizar a produção da morte e reduzir custos: matar mais, gastando menos, diminuindo o sentimento de culpa do assassino através de uma tecnologia que despersonificava o ato de matar e, por fim, utilizando os resquícios dos corpos como matérias-primas para objetos industriais.

Os corpos dos mortos, nos campos de concentração, têm uma função produtiva, mostram as imagens do filme, sempre em número industrial, sem personificar nem individualizar, ao focalizar as pilhas descomunais de cabelos e vestimentas. O cabelo dos exterminados converte-se em cobertores e agasalhos; a pele em papel; a gordura em sabão; os ossos em adubo para a terra. Essa terra adubada com os corpos esfacelados que, justamente, fertilizada, permitiu o crescimento da relva que esconde os campos de concentração que ali existiam. *Business as usual* é uma das facetas mais perversas da máquina de morte nazista.

Para Hannah Arendt, uma das dimensões para compreensão do genocídio judaico no século XX é o fato de que, pela primeira vez, aquilo que era feito pelos europeus nas colônias se realizava em tamanha escala no Velho Continente. Como coloca Mbembe, a partir da reflexão de Enzo Traverso:

Segundo Enzo Traverso, as câmaras de gás e os fornos foram o ponto culminante de um longo processo de desumanização e de industrialização da morte, entre cujas características originais estava integrar a racionalidade instrumental com a racionalidade produtiva e administrativa do mundo ocidental moderno (a fábrica, a burocracia, a prisão, o exército). Mecanizada, a execução em série transformou-se em um procedimento puramente técnico, impessoal, silencioso e rápido. Esse processo foi, em parte, facilitado pelos estereótipos racistas e pelo florescimento de um racismo baseado em classe que, ao traduzir os conflitos sociais do mundo industrial em termos raciais, acabou comparando as classes trabalhadoras e os "desamparados pelo Estado" do mundo industrial com os "selvagens" do mundo colonial.[6]

O capitalismo encontra no nazismo não a sua exceção, mas o ponto de indistinção entre a normalidade da produção e a mercantilização coisificada da vida. A necropolítica como base do capitalismo. A soberania compreendida como capacidade de permitir viver e decidir matar. O pensamento nazista, fazendo coincidir a figura do "outro" judeu com a do comunista, não via outra saída senão eliminá-lo, para impedir que um outro futuro possível pudesse ter lugar. A violência e o genocídio, aos olhos na-

---

6. TRAVERSO, Enzon. In: MBEMBE, Achille. "Necropolítica". Revista *arte e ensaio*. Rio de Janeiro: UFRJ, número 32, 2016.

zistas, assumiam uma função criadora, capaz de dar luz a um novo mundo.

O neoliberalismo, como arte de governo, cria uma narrativa totalmente distinta do nazifascismo europeu, no que diz respeito à produção de subjetividades. No lugar da subsunção às massas sem sujeitos, o neoliberalismo segue o caminho oposto, o da exacerbação de individualidades, desejos, gostos, sonhos... medos. Afetividades padronizadas, mas de maneira distinta àquela da indefinição das massas, do controle totalizante de sentimentos pelo terror. Uma nova educação sentimental, em que o cultivo do medo muda de aspecto. Emerge uma lógica da individualização da culpa e do fracasso, segundo os ditames da concorrência do sistema econômico, para o qual o sucesso na vida depende exclusivamente de cada pessoa. Estar sempre em competição, em concorrência, em dívida sobre quem cada um "deve ser".

A própria noção de pessoa muda. Da pessoa alienada de seu trabalho pelos resultados e alienada de si mesma, para a não menos perversa noção de pessoa como empresa de si. A estrutura de mercado assegura às pessoas um lugar específico, uma possibilidade de ação delimitada, na qual exaltação e excitação, que marcam um dos polos da melancolia, devem ser contidas, domesticadas, e se exacerba a possibilidade de inação, fixidez e autocontrole.

Ainda no campo da melancolia, vale lembrar a lição de Starobinski sobre Baudelaire no final do século XIX, que parece nos dizer algo sobre a lógica de autopunição de uma vida baseada na competição:

a relação consigo mesmo suplantou a relação com outrem: para tanto, terá ocorrido o desdobramento graças ao qual *castigar a si mesmo* torna-se um gesto representável, homólogo e inverso ao gesto de castigar a outrem.[7]

Voltemos, agora, às relações entre mercado, competição e proliferação da violência. A absolutização do mercado como princípio operador, gerenciador e gerador da realidade, implica também uma pedagogia, ao ensinar possibilidades e modos de agir no mundo. É a predação e o medo das possibilidades de agressão do outro que demandam o estudo das possibilidades de ação; o cálculo entre precaução e agressão como princípio da racionalidade de ação. O medo, em suma, é o sentimento que permite à competição funcionar, estrutura o mercado e, por isso, mostra ao humano sua verdadeira essência natural e competitiva.

Na perspectiva do mercado, é a imagem de uma natureza predatória que serve de inspiração para essa antropologia essencialista do humano; que mais parece ser a projeção, o reflexo de como esse sistema sociopolítico produtivo imagina a si próprio.

---

7. STAROBINSKI, op. cit., p. 33.

A antropóloga sino-estadunidense Anna Tsing estabelece uma correlação entre concentração de poder estatal, ascensão do patriarcado e o desenvolvimento de monoculturas a partir da perspectiva dos fungos. As monoculturas se tornam mais suscetíveis ao poder destrutivo dos fungos, o que despotencializa a capacidade de interação dos fungos com outras espécies que gera uma profusão de formas de vida. Segundo Tsing, isso implica uma maior demanda de trabalho dos humanos, que passa a ser controlado por homens fortes, resguardando às mulheres funções domésticas.

A interdependência entre as espécies é um fato bem conhecido — exceto quando diz respeito aos humanos. *O excepcionalismo humano nos cega*. A ciência herdou das grandes religiões monoteístas narrativas sobre a superioridade humana. Essas histórias alimentam pressupostos sobre a autonomia humana e levantam questões relacionadas ao *controle*, ao *impacto* humano e à natureza, ao invés de instigar questões sobre a interdependência das espécies. A ideia de natureza humana foi apropriada por ideólogos conservadores e por sociobiólogos que se utilizam de pressupostos da constância e autonomia humanas para endossar as ideologias mais autocráticas e militaristas. E se imaginássemos uma natureza humana que se transformou historicamente com variadas teias de dependência entre espécies?[8]

8. TSING, Anna. "Margens indomáveis: cogumelos como espécies companheiras". *ILHA*, v. 17, n. 1, p. 177–201, jan./jul. 2015, p. 184.

Em um texto opinativo publicado por Malcolm Harris na *Al Jazeera*,[9] em dezembro de 2015, o autor busca uma explicação cultural para as massivas matanças com armas nos Estados Unidos. Harris cita jovens norte-americanos entre 21 e 26 anos que presenciaram tiroteios, e cujas falas foram compiladas para o livro de outros dois jornalistas. Harris enfoca na diferença de perspectiva entre a geração dos jornalistas e a dos jovens que vivenciaram situações de massacre, muito mais aptos à compreensão do fenômeno do que os jornalistas.

Uma dessas pessoas, de 26 anos, afirma: "é a sociedade como um todo que está em conflito consigo mesma". Outro jovem, também de 26 anos, faz uma reflexão sobre a pressão que existe na promoção da competição desde pequenos: "siga esse caminho até o fim e você ganha. Siga aquele outro caminho, e você não é ninguém. A pressão para vencer está em todos os lugares. Paira sobre nós, empurrando para baixo, desde a escola. A sensação é que você está em uma batalha pela sua sobrevivência, mesmo que você tenha recursos financeiros".

O autor do artigo conclui, evidenciando a relação entre competição, medo e violência: "em uma sociedade que opõe cada criança com o mundo todo por espaços de sucesso em diminuição, fuzilar a sua

---

9. "The real cultural explanation for school shootings", *Al Jazeera*, 16/12/2015.

escola parece quase um mal entendido. Supõe-se que você irá matar os seus colegas de classe apenas de maneira figurativa", afirma Harris.

Em junho de 2016, o Fundo Monetário Internacional publicou um artigo intitulado *Neoliberalism: Oversold?* (*Neoliberalismo: superestimado?*, em tradução livre), assinado por economistas experientes do órgão.[10] O artigo tem como pano de fundo a discussão sobre o sucesso das medidas neoliberais adotadas pelo governo chileno. Em 1982, Milton Friedman teria declarado o caso chileno como um "milagre econômico", a ser exportado. Segundo Friedman, a dobradinha aumento da competitividade com diminuição do Estado estaria na origem desse sucesso, e se transformaria em uma fórmula a ser vendida mundo afora. Os autores questionam, sempre tendo o caso do Chile em mente, o real sucesso da implementação da agenda neoliberal, a partir de três pontos:

i. a dificuldade de estabelecer uma correlação entre aumento do crescimento e medidas neoliberais quando se olha para um grande grupo de países;

---

10. OSTRY, Jonathan D.; LOUNGANI, Prakash; FURCERI, Davide. "Neoliberalism: Oversold?", *Finance & Development*, 06/2016.

ii. o elevado custo decorrente do aumento da desigualdade;

iii. o próprio aumento da desigualdade originado nas medidas da agenda neoliberal coloca em xeque a manutenção do suposto crescimento neoliberal.

O artigo foi publicado pelo FMI, o maior promotor de medidas desregulatórias e incentivador da competição. Entre os questionamentos levantados pelo experiente time de economistas, que mostram a fragilidade da agenda neoliberal, não se leva em consideração, em nenhum momento, questões como violência, ditadura ou direitos humanos. Esquecem de um aparente mero detalhe para eles: o "milagre econômico" chileno aconteceu em meio a uma das maiores atrocidades do século XX. A invisibilidade, a ausência de um processo político como a ditadura chilena no debate econômico, evidencia o desmerecimento da realidade experienciada que marca o pensamento neoliberal.

No filme *O ato de matar* (2012), de Joshua Oppenheimer, Christine Cynn e um diretor indonésio que preferiu manter o anonimato, os diretores tratam do genocídio perpetrado pelos militares indonésios contra a população chinesa de seu país. Contando com a aprovação de grande parte da população indonésia, estima-se que em um ano foram mortos mais de um milhão de indonésios de origem chinesa que, por sua origem étnica, eram identificados como comunistas.

A personagem central do documentário é Anwar Congo, um ex-vendedor de ingressos de cinema no mercado ilegal que, durante os eventos que se seguiram à tentativa de golpe militar em 1965, passa a trabalhar como gangster junto a seus comparsas, no extermínio da população chinesa. Congo e seus companheiros são celebrados como grandes heróis da nação indonésia por tê-la salvado do comunismo, e são reverenciados como os pais fundadores dos paramilitares, que até hoje detêm grande poder no país, possuindo vínculos estreitos com o governo institucional.

Congo toma parte em um filme rodado dentro do documentário, no qual se vangloria dos seus feitos: dança e sorri enquanto recria o modo como matava e torturava; disfarça-se de cowboy americano ou de gangster para parecer um herói de filmes hollywoodianos. O espectador é colocado em uma situação incômoda, de incompreensão frente a um grande genocida sendo celebrado como símbolo de uma nação, que o vê como um exemplo de homem livre.

O ato de matar possui múltiplas camadas que tornam difícil de entender as fronteiras entre o documental e a encenação do filme criado por Anwar Congo e seus aliados — como se fosse impossível aludir a esse genocídio sem trazer para a própria forma do filme essa confusão entre ficção e realidade. Anwar e sua gangue passam boa parte do tempo discutindo as melhores maneiras de expor nas telas as mortes que realizaram: como fazer durar, do modo mais realista possível, as imagens daqueles que salvaram o país? Parece ser essa a questão que lhes move.

Depois de certo ponto, começam também a refletir sobre os fantasmas daqueles que assassinaram, e que seguem perturbando-lhes. Ao espectador é impossível saber se estão atuando ou se existe uma experiência traumática que compartilham em momentos de reflexão, uns com os outros. Os genocidas aqui são apresentados em sua intimidade mais humana, naquilo que existe de mais desconfortável em reconhecer um ser humano no genocida. Seu passado, seus pesadelos, seus medos.

Em conversa junto à revista *Vice*, o entrevistador pergunta a Joshua Oppenheimer como teria conseguido a cumplicidade de Congo e seus comparsas para se exporem de tal modo na realização de um filme em que eles reivindicam serem perpetradores de um genocídio. A resposta de Oppenheimer choca pela sua singeleza, e nos diz algo para além do contexto indonésio: os assassinos se vangloriam na frente da câmera pois não acreditam que tenham feito nada de errado. Esse talvez seja o limite último da relação entre visibilidade e invisibilidade da violência, alheia a qualquer lógica ética.

O desafio que me coloquei aqui foi o de olhar para a violência do século xx, o século mais sangrento da história, segundo Eric Hobsbawm, um de seus mais proeminentes prosadores, não como algo superado, deixado para trás. Olhar para a violência do século xx pela perspectiva de uma arqueologia da violência neoliberal. O modelo da arqueologia, da investigação por fragmentos destroçados, permite compreender melhor a conversão da vida em "mundos de morte", e os efeitos diretos de uma lógica da competição forjada às sombras de uma potencial guerra de todos contra todos. Efeitos que o neoliberalismo desejaria borrar da imagem que constrói de si, mas que insistem em irromper.

PEQUENA TEORIA VISUAL DO MEDO

> To display the dead, after all, is what the enemy does
>
> **Susan Sontag**

A segunda parte deste ensaio começou a ser pensada em 2015, logo após a abertura de uma exposição em que trabalhei como curador junto a duas colegas e amigas — Isabella Rjeille e Mariana Lorenzi. *Frente à euforia* reunia trabalhos de cerca de quinze artistas brasileiros/as e colombianos/as, e investigava as diferentes maneiras pelas quais o passado de violência extrema aparece em uma certa produção artística recente destes dois países.

Longe de buscar um panorama representativo da produção artística local, ou de defender a tese de que existiria uma ruptura inequívoca e radical com relação ao passado, a proposta consistia em selecionar trabalhos de algum modo reticentes ao discurso progressista e de otimismo muitas vezes reivindicado pelos governos latino-americanos no início do século XXI. A exposição explorava as contradições de tais processos, ao adentrar o imaginário das transformações experimentadas com a diminuição da pobreza e da desigualdade no Brasil e o "pós-conflito" colombiano. Euforia e fragilidade figuravam como sentimentos inerentes a essas transformações, prestes a se desfazer, a se estatelar no chão. Evidentemente, não tínhamos dimensão, e nem sequer podíamos conceber, até que ponto o fim desse período de otimismo traria à tona fantasmas que queríamos há muito sepultados, pelo menos no caso brasileiro.

Os comentários de Otávio Penteado, amigo antropólogo, encontram-se na origem deste ensaio. Ele compartilhou comigo um desconforto quanto à nossa decisão curatorial sobre o modo de exibir uma obra de Veronica Stigger, que denunciava a violência contra indígenas. Em sua instalação intitulada *Menos um (Segunda volta à cena do crime: Oswald de Andrade)*, montamos junto com Veronica, em uma pequena sala do espaço expositivo, quatro enormes fotografias impressas em alta resolução em que figuravam indígenas violentamente assassinados, sendo um *suicidado*, como bem coloca a artista e escritora.

As imagens foram exibidas sem censura — apenas com um pequeno aviso na entrada, indicando que se tratavam de fotos violentas. Nelas estavam dispostos corpos mutilados, empalados, com ossos quebrados, repletos de sangue ou órgãos como o cérebro escorrendo pela cabeça rachada. Concomitante e em *looping*, ouvia-se de um aparelho de som frases de racismo e ódio compiladas por Veronica de comentários de leitores de jornais de grande circulação que veiculavam notícias sobre assassinatos de indígenas. Estes eram chamados de vagabundos, preguiçosos, e muitos leitores pregavam a sua expulsão do país, assassinato e extermínio.

Provavelmente a peça de Veronica era não apenas a mais forte e violenta da mostra, como também a que mais gerava horror. Aquilo que havia perturbado Otávio era, precisamente, o modo como aqueles corpos, vítimas de uma violência desmesurada, estavam dispostos para tocar e sensibilizar a audiência da mostra.

Esse incômodo, de certa forma, tornou-se o motor para pensar as tensões envolvidas nas diferentes estratégias de empreender uma crítica visual e sensorial da violência. Parte do texto está centrada em uma reflexão acerca das contradições do tornar visível; mesmo quando se trata de uma exposição da violência que visa denunciá-la.

Esse ensaio se caracteriza principalmente por um vai e vem histórico e geográfico, tendo como fio condutor questionamentos sobre o medo, o terror e a visualidade da violência. No cruzamento entre reflexões próprias aos campos da arte, da antropologia e do pensamento político, esboça-se uma teoria visual das sensações de terror.

Inicio pela forma como a arte renascentista se propunha ser fonte de conhecimento, mnemônica e de geração de sentimentos de piedade e comoção. Acredito que uma teoria visual dos sentimentos, tal como esboçada no Renascimento, pode ser útil para investigar a visualidade da violência hoje. Em seguida, passo pelo modo como certas pesquisas antropológicas analisaram a relação entre a imagem do *outro* e a violência implicada na *cultura do terror*, para então me aproximar de uma reflexão acerca das distintas estratégias para denunciar a violência.

No final do século XIII, o teólogo e gramático Giovanni de Gênova (também conhecido como Giovanni Balbi), escreve o *Catholicon*, uma gramática latina também identificada pelo nome de *Summa Grammaticalis*. Nela, preconiza uma tripla função das imagens religiosas:

> Sabeis que três razões têm presidido a instituição de imagens nas igrejas. *Em primeiro lugar*, para a instrução das pessoas simples, pois são instruídas por elas como pelos livros. *Em segundo lugar*, para que o mistério da encarnação e os exemplos dos santos pudessem melhor agir em nossa memória, estando expostos diariamente aos nossos olhos. *Em terceiro lugar*, para suscitar sentimentos de devoção, que são mais eficazmente despertados por meio de coisas vistas que de coisas ouvidas.[11]

A obediência das imagens religiosas produzidas na Igreja a essas três funções disseminou-se em parte das reflexões sobre o fazer artístico no fim da Idade Média e durante o Renascimento, e é presumível que

---

11. GÊNOVA apud BAXANDALL, Michael. *O olhar renascente: pintura e experiência social na Itália da Renascença*. Rio de Janeiro: Editora Paz e Terra, 1991, p. 49.

os artistas tivessem-nas em mente no momento de elaboração de suas obras. Segundo o historiador da arte britânico Michael Baxandall, seguir essas três regras significava produzir obras cujo conteúdo fosse: em primeiro lugar, claro; em segundo, atraente e de fácil memorização; e em terceiro, que se constituísse como representação tocante de histórias sacras.

Meu objetivo não é realizar uma leitura precisa do modo como as pinturas renascentistas partiam dessas três regras como princípios elementares de sua composição pictórica — para os leitores interessados remeto à leitura de Baxandall acerca das pinturas sobre a *Anunciação* e aos estudos de Carlo Ginzburg sobre Piero della Francesca.[12]

Busco destrinchar o que poderia ser concebida como uma pedagogia dos sentimentos que se dá por meio destas pinturas.

Nesse sentido, cabe atentar para mais uma reflexão teológica sobre a imagem, desta vez trechos do sermão do dominicano Fra Michela Carcano, proferido em 1492, que exploram a predominância do visual nos estímulos à comoção:

As imagens eram introduzidas em virtude de nossa apatia emocional; pois aqueles que não são levados pela devoção quando ouvissem as histórias dos santos poderiam ao menos se comover quando as vissem (...) nossos sen-

---

12. GINZBURG, Carlo. *Investigando Piero: o Batismo, o ciclo de Arezzo, a Flagelação de Ulbino*. São Paulo: Cosac & Naify, 2010.

timentos são estimulados por coisas vistas mais do que por coisas ouvidas. *Terceiro*, eram introduzidas porque muitas pessoas não conseguem reter o que ouvem, mas se recordam quando as veem.[13]

Talvez seja possível estabelecer uma reflexão sobre a circulação de imagens violentas hoje tomando como ponto de partida uma teoria visual dos sentimentos esboçada por tais escritos teológicos. Os textos teológicos que compreendiam a arte pictórica como detentora de elementos para o exercício do poder eclesiástico e feudal através de *histórias bíblicas como modelos de ação no mundo* parecem ser fontes incontornáveis para questões como: o que significam as imagens religiosas no Renascimento? Como eram vistas? A que serviam? O que as pessoas pensavam quando as viam?

Questões para uma reflexão política atual da relação entre imagens e violência poderiam ser elaboradas de maneira análoga: o que significa a proliferação de imagens violentas hoje? Como são vistas? Ou mesmo, seguindo a formulação de Baxandall: que tipo de imagem violenta pode ser considerada lúcida, de forte memorização e tocante? E principalmente, a que servem? Em suma, se em sua função pedagógica a Igreja buscava com a pintura estimular sentimentos de devoção e piedade, ensinar e memo-

---

13. CARCANO apud BAXANDALL, Michael, op. cit.

rizar, quais sentimentos são hoje estimulados pela proliferação de imagens violentas?

Durante o *Quattrocento*, a então nascente burguesia comerciante florentina criou todo um novo imaginário para justificar a posição singular que essa classe pleiteava criar, e que passa a ocupar. Isso se dá por meio de uma leitura particular da Antiguidade, e toma a forma de esculturas e pinturas — uma leitura do passado antigo em estreita relação com os valores então pregados por essa classe em ascensão.

Como coloca Aby Warburg, o multifacetado historiador social da arte renascentista, "com Lourenço, o Magnífico [Lourenço de Médici], pela primeira vez o tipo do chefe político igual ao senhor feudal e ao rei, se constrói a partir do comerciante urbano".[14] Os retratos de Lourenço de Médici realizados por Ghirlandaio apresentam-no como um homem pleno e consciente, que começa a se "destacar de seu plano de fundo religioso",[15] como quando o artista retrata a presença de seu mecenas na cerimônia de aprovação que São Francisco recebe do Papa para conduzir a sua própria ordem.

De acordo com Philippe-Alain Michaud, em comentário à obra de Warburg, para o autor alemão não se trata de encontrar semelhanças entre as obras

---

14. WARBURG, Aby. *Essais florentins*. Paris: Klincksieck, 2003, p. 117 (trad. minha).
15. Ibidem, p. 123.

da Renascença e os seus "modelos" antigos. O que parece interessar a Warburg é o modo como a experiência moderna artística florentina se exprime a partir de uma identificação com o passado.[16] Em um dos mais belos ensaios de Warburg, acerca da *Vênus de Botticelli*, o historiador busca entender os elementos da Antiguidade que interessavam aos artistas do *Quattrocento* — no caso desta obra-prima renascentista, o autor alemão identifica-os no movimento de detalhes inanimados, como cabelos e vestimentas.

A leitura de Warburg acerca da produção de imagens no Renascimento, atenta tanto à história social quanto à gestualidade das figuras ilustradas, situa-se entre o histórico e o morfológico, abrindo campo para um conceito que ele denomina *Pathosformeln*: *a fórmula das emoções*. É o *Pathosformeln* que "ilumina as raízes antigas de imagens modernas e a maneira como tais raízes foram reelaboradas",[17] e permite compreender como os "gestos apaixonados" da Antiguidade foram tacitamente proibidos durante a Idade Média, convertendo-se em formas neutras abertas a diferentes interpretações, ou mesmo opostas dos seus significados clássicos. "Os artistas da

---

16. MICHAUD, Philippe-Alain. *Aby Warburg et l'image en mouvement*. Paris: Éditions Macula, 2012.

17. GINZBURG, Carlo. *Medo, reverência, terror. Quatro ensaios de iconografia política*. São Paulo: Companhia das Letras, 2014, p. 12.

Renascença que recuperaram tais gestos inverteram vez ou outra seu significado clássico".[18]

Essa gestualidade antiga incorporada à arte renascentista passa então a ter uma certa finalidade patética, ou seja, a capacidade de provocar emoções e sentimentos de comoção, piedade, tristeza, terror ou tragédia.

Assim, abre-se um outro ponto de vista acerca das formas pictóricas, que recuperam gestos do passado invertendo seus significados. As análises de Warburg permitem compreender até que ponto referências orgiásticas, que a Idade média censurara tacitamente, foram também ignoradas por estudos marcados pela visão classicista de serenidade e grandeza. O historiador italiano Carlo Ginzburg vai além. Em seus estudos de iconografia política, a incorporação dos mesmos gestos com sentidos invertidos é lida no contexto político de incutir sujeição, a partir da leitura que faz do medo na obra de Thomas Hobbes.

O desvio para a reflexão proposta por Warburg não é fortuito. Ao menos em diversos países latino-americanos, a profusão de imagens de corpos mutilados torna-se uma verdadeira mensagem acerca do modo de funcionamento inequívoco do poder, capaz de incutir medo e terror; o corpo sem vida convertendo-se em objeto último de um poder

---

18. Ibidem, p. 74.

que se define pela capacidade de decidir quem vive ou quem morre. Corpos inanimados cuja função pós-vida parece ser transformar-se em imagem para aterrorizar os vivos. *Pathosformeln, a fórmula das emoções*, não centra a análise pictórica naquilo que ela representa, naquilo que ela tornaria presente e que se encontra ausente, e sim em como as imagens agem sobre o mundo, aquilo que elas *podem fazer*.

Talvez as leituras de Baxandall e Warburg acerca da arte renascentista estejam demasiado centradas no polo dos poderosos, riquíssimos comerciantes frequentadores da Igreja que então começam a sua disputa de poder com a nobreza. São análises do universo pictórico mediadas pelos mais altos valores da sociedade, tais como entendidos pela burguesia mercante em ascenção.

Entretanto, como demonstra o crítico russo Mikhail Bakhtin,[19] a cultura popular na Idade Média e durante o Renascimento se constituía tensionando os ensinamentos eclesiásticos em sua relação com o poder feudal e real. O domingo nas praças públicas, quando da saída da missa na Igreja, era o momento preferencial para o teatro popular do riso, uma *mise-en-scène* do antipoder, em que se invertia, grotesca, sexual e escatologicamente, as histórias

19. BAKHTIN, Mikhail Mikhailovich. *Cultura popular na Idade Média e no Renascimento: o contexto de François Rabelais* – 7ª edição. Trad. de Yara Frateschi Vieira. São Paulo: Hucitec, 2010.

bíblicas narradas durante a missa. Aquelas mesmas histórias que visavam ensinar os ignorantes, ajudá-los a memorizar os exemplos das escrituras como modelo de ação no mundo e incutir um sentimento de piedade e devoção eram satirizadas imediatamente após o que se imaginava ser a sua contemplação.

Proponho um salto abrupto para tentar me aproximar do medo como força política hoje, tendo como base a visualidade da violência. Para tanto, enfoco reflexões que se projetam a partir de diferentes territórios da América Latina.

Em *Xamanismo, colonialismo e o homem selvagem*,[20] Michael Taussig realiza um estudo acerca do regime de escravidão, tortura e extermínio ao qual diversas populações indígenas foram submetidas durante o chamado *boom* da borracha (virada do século XIX para o XX) na região do Putumayo, na Amazônia colombiana. O negócio da borracha era controlado pela toda-poderosa Casa Arana, com intensa participação de empreendedores britânicos. Ao se debruçar sobre os discursos da época, enfocando naqueles da comissão de inquérito inaugurada na Grã-Bretanha para apurar as violências cometidas na referida

---

20. TAUSSIG, Michael. *Xamanismo, colonialismo e o homem selvagem. Um estudo sobre o terror e a cura.* Rio de Janeiro: Paz e Terra, 1993.

região, Taussig questiona os argumentos usuais que explicam o uso da violência pelos detentores do poder de mando.

De acordo com algumas das proposições do pensamento crítico, existe uma correlação direta entre o controle dos corpos dos trabalhadores e a violência empreendida pelos empregadores, em nome da ordem e da produtividade. Taussig, entretanto, nos apresenta uma torção nessa perspectiva, sem refutá-la por completo, mas apresentando outras características que a afirmação dessa tese pode obliterar: a tortura e o genocídio cometidos durante o *boom* da borracha atingiram dimensões tão elevadas que colocavam em xeque a existência da própria mão de obra, que já era escassa. Portanto, tal forma de violência não pode ser explicada pela coerção economicista para fazer as pessoas trabalharem.

A violência do sistema da borracha partia de uma visão acerca do outro como perigoso. Tal como no livro *No coração das trevas*, de Joseph Conrad, Taussig esboça a origem da violência perpetrada no contexto do *boom* da borracha na visão amedrontadora da floresta e de seus habitantes — vistos como perigosos, cruéis, violentos, traiçoeiros e detentores de poderes desconhecidos. O outro como selvagem a ser dominado estaria na origem da violência dos colonizadores, que contraditoriamente emerge nessa relação como polo perpetrador da violência.

É na imagem de canibalismo que reside o cerne do medo em relação ao outro, naquilo que o autor denomina a *cultura do terror*. Embora predominassem as histórias acerca do canibalismo indígena contra brancos, os únicos casos de canibalismo registrados no imenso território controlado pela Casa Arana foram cometidos por brancos. Nesse macabro jogo de espelhos de imagens distorcidas impostas pelo colonizador, a imagem do outro como selvagem e violento, ainda que sem correspondência com qualquer caso que se tenha conhecimento, era suficiente para engendrar o genocídio cometido pelos brancos.

A reflexão acerca da *cultura do terror* ganha outra dimensão a partir do trabalho de Teresa Caldeira, *Cidade de muros*. Centrando a sua pesquisa em depoimentos colhidos em São Paulo entre 1989 e 1991, a autora trata da lógica subjacente aos discursos que defendem a violência policial e a prática da tortura para lidar com a criminalidade. As percepções as mais diversas da população paulistana acerca do medo e da violência, aquilo que Caldeira denomina como *a fala do crime*, operam a partir de procedimentos de diferenciação, de distanciamento e de coisificação do outro enquanto mal, perigoso e violento que, tal como no argumento de Taussig, estão na base da própria ação violenta repressora.

Em um dos pontos altos de seu livro sobre o Renascimento, Baxandall afirma que "o desenvolvimento pictórico do século XV ocorreu no interior das categorias que exprimiram a experiência emotiva desse século".[21] Para a compreensão da proliferação e circulação sem precedentes de imagens violentas talvez seja necessário entender em que medida elas exprimem a experiência emotiva desses últimos cem anos, que incluem grande parte do século mais violento da história, o século XX.

A partir da ideia de *Pathosformeln*, *fórmula das emoções*, e das máximas teológicas que guiavam a produção pictórica renascentista, como entender as diferentes formas pelas quais corpos violentados são exibidos e suas imagens circulam, cumprindo funções pedagógicas, mnemônicas e de produção de sentimentos estruturantes da *cultura do terror*? Como entender que imagens de corpos sem vida, dilacerados e ensanguentados, estejam eles assim dispostos para incutir medo e terror em uma determinada pessoa ou população, mesmo quando são fotografias ou filmes que visam denunciar essa violência? Do ponto de vista da imagem, trata-se sumamente de expor corpos e incutir sentimentos a partir dessa exposição.

Embora o que se objetiva seja radicalmente distinto, pode e deve ser aproximado, já que estamos diante de corpos sem vidas convertidos em imagens com funções pedagógicas. Parece ser o próprio

---

21. BAXANDALL, op. cit., p. 61.

corpo que ganha predominância nessa pedagogia do terror, tomando o lugar da imagem pictórica, ao ser destruído, a partir de uma ritualística da violência que lhe confere a possibilidade de servir de exemplo, de ensinar e de criar sensações de terror generalizados. Nesse sentido, como afirma Sontag, em seu ensaio *Regarding the pain of others* (*Diante da dor dos outros*, em português), toda e qualquer exibição de imagem violenta nos torna *voyeurs*. Algo sádicos, e por conseguinte masoquistas, pela impossibilidade de nos colocarmos externos à essa *cultura do terror*.

Se a produção pictórica renascentista era pensada para mover e excitar, instruir e exemplificar, acredito que a produção de imagens violentas hoje, especialmente em contextos em que a paz aparece como continuação da guerra por outros meios, tenha como função a manutenção de uma sociedade em que o medo é uma das estruturas básicas de seu funcionamento político-econômico. Verdadeira experiência emotiva destes últimos cem anos: a conversão do medo em terror, da primazia da vida pela centralidade da morte, da política em necropolítica.

Em seu ensaio sobre dos significados do terror na Colômbia,[22] Maria Victoria Uribe Alarcón aponta para uma característica da história da violência rural

---

22. URIBE ALARCÓN, Maria Victoria. *Antropologia de la inhumanidad: un ensayo interpretativo sobre el terror en Colombia.* Bogotá: Grupo editorial Norma, 2004.

deste país: os processos de animalização do inimigo pela desconfiguração do corpo do outro. No período conhecido como *La Violencia* (1946–1964), pessoas de uma mesma comunidade rural se trucidavam mutuamente em decorrência das divisões políticas: umas próximas ao Partido Liberal, outras ao Partido Conservador. Nessa que pode ser considerada como uma das mais longevas guerras civis do mundo, os marcadores de diferença que usualmente contrapõem grupos beligerantes inexistiam. Ambos os grupos tinham a mesma nacionalidade (colombiana), falavam a mesma língua (espanhola) e professavam a mesma fé (catolicismo).

Trata-se de um caso extremo de antagonismo social, em que os rumores que circulavam entre os camponeses acerca do grupo político opositor definiam verdadeiras formas de ação no mundo. A construção da identidade de cada grupo, afirma Uribe Alarcón, passa necessariamente pela destruição do outro, pela violência e agressividade com relação ao outro:

ao que parece, o inimigo era uma entidade física separada, que não conseguia distinguir-se completamente deles mesmos, já que no outro estava projetado o negativo de si próprio (...) o outro se convertia em depositário do ódio, da agressão e raiva, até transformar-se em perseguidor. O outro era sempre o mal, já que nele se havia projetado a própria maldade (...) a bondade, por outro lado, era sempre própria.[23]

É nessa relação simultaneamente de proximidade e identidade por um lado, e de diferenciação, violência e aniquilamento, por outro, que deve ser entendida a lógica de animalização dos inimigos. Ao se projetar no outro a ideia do negativo, do mal, facilita-se a sensação de que este pode ser morto, sem que com isso esteja associado um peso ou carga negativa.

Se a própria visão de mundo camponesa atribui valores positivos à identificação de humanos com aves de caça, o outro a ser eliminado convertia-se em animal a ser caçado. Nesse sentido que o assassinato de um inimigo era acompanhado de toda uma ritualística que, por meio de cortes, mutilações, desmembramentos, decapitações, e inversões de partes superiores do corpo como a cabeça para partes inferiores, e transposição de partes interiores como órgãos para partes exteriores como membros, visava uma ruptura real e simbólica do corpo enquanto humano. Nessa ritualística do assassinato, ou *mise-en-scène* da morte, o corpo adquire uma função imagética aterrorizante, a ser visto como exemplo pelos outros.

Tais procedimentos de destruição física e simbólica do corpo não ficaram enterrados em um passado longínquo. Embora associadas com o período da *La*

---

23. Ibidem, p. 56.

Violencia, esses procedimentos ainda se encontram presentes nos conflitos com as Forças Armadas Revolucionárias da Colômbia ao longo do século XX, e nos conflitos relacionados ao narcotráfico e com os grupos paramilitares, na passagem dos séculos XX ao XXI.

Logo nos primeiros dias de 2017, a atenção dos brasileiros esteve voltada para uma série de decapitações entre presidiários de facções rivais que teve início durante uma rebelião no Complexo Penitenciário Anísio Jobim, em Manaus. Presidiários membros da facção identificada pelo nome de Família do Norte (FdN) assassinaram e decapitaram presidiários da facção rival, o Primeiro Comando da Capital (PCC). Nos dias seguintes, ocorreram rebeliões em diversos outros presídios no país, muitos envolvendo mortes violentas, e algumas decapitações.

Imagens de cabeças desmembradas de seus corpos foram utilizadas pela Família do Norte como forma de impor o seu poder e aterrorizar. Vídeos, fotos e até um funk foram feitos e circularam intensamente pela internet e mídias sociais — as imagens, que decidi não expor, podem ser encontradas por meio de uma simples busca no Google.

Para o jornalista mexicano Sérgio González Rodríguez, "decapitar é o luxo do extermínio", a reivindicação de superioridade sobre a humilhação absoluta do corpo do outro. E prossegue, refletindo sobre a forma como essas imagens são produzidas: "concebidas como se constrói um programa de TV com o fim de divertir o público, exceto que, ao tratar-se de imagens de tortura e humilhação, busca-se atrair a simpatia de alguém diferente de quem as realiza, e o que este espectador virtual pode prover em troca: um jogo complacente de espelhos".[24] O *pathosformeln*, a *fórmula das sensações* da qual nos falava Warburg acerca do Renascimento, parece ter encontrado nos séculos XX e XXI os meios mais macabros para se expressar. Ou melhor, se expressa por meio de formas visuais que ressoam e compõem os sentimentos e sensações mais amedrontadores da vida cotidiana.

Se parece certo que essas imagens visam criar certos sentimentos de medo e terror, menos evidente parece ser o papel que a disseminação de fotos jornalísticas de denúncia tem na composição da *cultura do terror*. Vale lembrar a série de fotografias veiculadas por diversos meios de comunicação quando do Massacre do Carandiru, em que a Polícia Militar de São Paulo matou 111 presos, durante a repressão a uma rebelião, em 1992. Nas fotos, corpos sem vida, com marcas de agressões e tiros visam denunciar uma grave violação aos direitos humanos. Apesar de críticas e marcadas por um tom de denúncia, trata-se, sumamente, de corpos sem vidas transformados em

---

24. RODRÍGUEZ, Sergio González. *El hombre sin cabeza*. Barcelona: Anagrama, 2009, p. 74.

imagens para disseminar certos sentimentos. Se a sensação de terror diante do massacre realizado pela polícia foi intensamente denunciado por parte da sociedade civil, tal sentimento vinha imediatamente acompanhado da construção de uma imagem inequivocamente violenta da polícia: "vejam do que somos capazes", pareciam dizer.

Outro aspecto da proliferação dessas imagens de violência extrema está no contexto dos *snuff films*. São vídeos transmitidos pela internet com cenas de assassinatos e suicídios reais, cuja veiculação foi amplificada pelo surgimento dos *streamings*. Os *snuff films* jogam com o prazer de quem assiste às cenas, como se desafiassem o espectador: "você aguenta?". Evidenciam, ou mesmo aproximam, o prazer pelo macabro, outro traço da *cultura do terror*. Cultura essa que também possui uma geopolítica particular. Um dos controversos anúncios de *snuff films* define o gênero como "o filme que apenas pode ser feito na América do Sul... onde a vida é BARATA".[25] Morte, geopolítica, circulação de imagens e corpos dilacerados: a hegemonia do economicismo neoliberal torna a própria vida um bem escasso. Mais valiosa para uns do que para outros. Mais valiosa lá do que aqui.

---

25. Citado em HAWKINS, Joan. *Cutting Edge: Art-Horror and The Horrific Avant-Garde*. EUA: University of Minnesota Press, 2000, p. 136.

Silvia Rivera Cusicanqui argumenta que em contextos de violência extrema, tais como os Estados neocoloniais latino-americanos, as imagens podem fazer ver aquilo que o colonialismo ofusca, aquilo que não pode ser aludido.[26] A ideia que venho defendendo aqui é o outro lado dessa afirmação, a maneira como imagens violentas compõem essa situação neocolonial. Nesse sentido a crítica da escritora norte-americana Susan Sontag segue pertinente:

Parece que o apetite por fotos mostrando corpos na dor é quase tão forte quanto o desejo de alguns por fotos de corpos nus (...) Nenhuma carga moral é atribuída à representação dessas crueldades. Apenas a provocação: você consegue olhar para isso? Existe a satisfação de ser capaz de olhar para a imagem sem piscar. Existe o prazer em piscar.[27]

O fazer ver não está isento de contradições. Além de apontar para o prazer sádico do espectador que desafia a sua própria sensibilidade ao olhar para tais imagens, Sontag questiona, nas páginas que se seguem, a posição em que se encontra aquele a quem as imagens são destinadas. Escrita no contexto norte-americano, Sontag analisa as distâncias implicadas na relação de fotógrafos do norte global que vão para territórios em guerra, usualmente afas-

---

26. CUSICANQUI, Silvia Rivera. *Ch'ixinakax utxiwa: una reflexión sobre prácticas y discursos descolonizadores*. Buenos Aires: Tinta limón ediciones, 2010.

27. SONTAG, Susan. *Regarding the pain of others*. New York: Picador, 2003, p. 41 (trad. minha).

tados de sua terra natal, para publicar em seus países de origem imagens sobre a crueldade da guerra a fim de sensibilizar a opinião pública. "Ser um espectador de calamidades que acontecem em outro país, é uma experiência moderna por excelência, a oferta acumulada de mais de um século e meio desses profissionais, turistas especializados conhecidos como jornalistas".[28]

Se tal reflexão parece ser contundente para a relação entre espectador e jornalistas norte-americanos e europeus aos quais a autora se refere, que distâncias estão implicadas na divulgação de imagens violentas em países cuja política transcorre sob as égides do colonialismo? Embora a distância geográfica entre aquele/a que sofre a violência e se converte em imagem e o espectador seja menor, o que tais imagens violentas evidenciam, visem elas a denúncia ou a criação de formas de intimidação, é precisamente uma distância de possibilidades de formas de vida e de morte de acordo com os diferentes espaços ocupados por corpos distintos.

Retorno aqui à maneira como a teologia renascentista preconizava para as imagens três funções claras, de ordem pedagógica, mnemônica e de produção de sentimentos de devoção e piedade. A veiculação de imagens de violência extrema em diversos territórios da América Latina cumpre essas três

---

28. Ibidem, p. 18 (trad. minha).

funções, mas a forma como as cumpre é não apenas distinta com relação à renascentista, mas também diferente de acordo com a posição social que o observador ocupa: uma pedagogia cuja função parece ser marcar corpos como distintos; mnemonicamente constituídos pela violência que se lhes aplica; resguardando aos mais favorecidos uma sensação de constante medo, e aos menos favorecidos uma certeza de perpétuo terror. A visualidade do terror, em outras palavras, compõe a criminalização da pobreza, e cria estruturas sociais desiguais, base de um constante *apartheid*.

2666, o monumental romance do chileno Roberto Bolaño, é constituído por narrativas que aludem de formas diversas a situações violentas. O autor não chegou a terminar o livro em vida, que pretendia publicar em cinco volumes. Na publicação póstuma, por escolha do editor, foi decidido lançar as cerca de 1.100 páginas (na versão em espanhol), em um único livro, dividido em cinco partes, que das maneiras menos prováveis nos levam sempre à região fronteiriça entre México e Estados Unidos, e à série de assassinatos e feminicídios que ali têm lugar.

No capítulo intitulado *La parte de los crímenes*, o mais longo do livro, vale dizer, Bolaño descreve detalhadamente as centenas de casos de feminicídio na cidade de Santa Teresa (nome ficcionalizado de Ciudad Juarez). Uma das primeiras obras a chamar atenção para os feminicídios em série em uma das mais conturbadas fronteiras do mundo, o autor parece desafiar a sensibilidade das pessoas que o leem. Obriga-as a ler a descrição de cada assassinato, sendo impossível simplesmente pular páginas, visto que a trama sobre quem seria o assassino em série a ser encontrado se constrói em meio à descrição de horripilantes crimes. Um modo de questionar a forma impessoal como essas notícias são veiculadas, que, pelo acúmulo, muitos a elas se acostumam.

Mas a narrativa se torna mais complexa conforme abre, pouco a pouco, espaço para um vazio. Inexiste um assassino em série, ou mesmo um grupo de assassinos cruéis responsáveis diretos pelos horrendos crimes descritos. O desconcertante vácuo criado por Bolaño aponta para uma macabra correlação entre grupos políticos, narcotraficantes, policiais, festas de luxo e a realidade das empresas norte-americanas que cruzaram a fronteira, estabelecendo-se em território mexicano em busca de mão de obra mais barata. Ou melhor, em busca de *mão de obra cuja vida vale menos*.

Tais artifícios narrativos são a forma encontrada por Bolaño para dar conta de uma realidade permeada por violências e silêncios, em que extermínio e tortura possuem uma relação íntima com o poder estatal e empresarial. É nesse sentido que as passagens que fazem referência direta ao genocídio nazista ajudam a compor o quadro dessa sensação simultânea do vazio e da institucionalidade oficial da violência, que marca não apenas a realidade mexicana, mas a de tantos outros países do subcontinente.

Diante de um passado que não se cala, não se trata unicamente de buscar possíveis assassinos que perturbam a paz, mas desconcertar-se, vertiginosamente, diante da violência sem fim. Tomada como um todo, a obra de Bolaño pode ser entendida como uma epopeia latino-americana, marcada tanto pela fuga da violência contínua como pelos modos como a vida se constrói violentamente nessa parte do mundo, transcendendo o tempo das ditaduras que uma certa narrativa oficial resguarda ao passado, e que irrompem no hoje. Passados que parecem não querer passar.

Observação: em outro capítulo, Bolaño traz a aleatoriedade do extermínio de um grupo de judeus gregos, que, rumo a um campo de concentração, acabam sendo enviados por engano a uma pequena cidade polonesa. Lá, o administrador nazista incube a tarefa de extermínio dos judeus às crianças polonesas, que se alternam na matança, entre uma garrafa de vodka e um jogo de futebol. É a incorporação do assassinato e da violência na cotidianidade da vida, na mais comezinha das atividades rotineiras, que parece ser um dos traços mais marcantes na desumanização de corpos a serem mortos.

Uma das características da violência latino-americana ao longo do século XX é aquilo que a politóloga argentina Pilar Calveiro denomina como poder desaparecedor. Tal característica pressupõe o desaparecimento não como mero eufemismo, e sim uma referência literal a um determinado fenômeno: "uma pessoa que a partir de determinado momento *desaparece*, se esfuma, sem que sobre registro de sua vida ou de sua morte. *Não há corpo da vítima nem de delito*".[29]

Entre essas formas de desaparecimento está a chamada *guerra suja* contra os militantes de esquerda nos anos 1970–1980, em países como Argentina, Chile e México, ou na guerra contra o narcotráfico, que marca a política mexicana e a brasileira, e de tantos outros países da região, no início do século XXI. Na ditadura de Pinochet, duas parecem ter sido as técnicas preferidas pelos militares para fazer desaparecer os corpos dos então chamados subversivos, visando exterminar os vestígios: o esfacelamento dos corpos e dispersão em pedaços infinitesimais pelo Deserto do Atacama (prática também utilizada por narcotraficantes mexicanos no deserto de Sonora) e a *desova* de corpos amarrados em barras de ferro no mar (esta última também praticada durante a ditadura argentina).

---

29. CALVEIRO, Pilar. *Poder e desaparecimento: os campos de concentração na argentina*. São Paulo: Boitempo, 2013, p. 39.

O desaparecimento que terminava no deserto ou no oceano era a ponta final de um processo que tinha início muito antes, com policiais não identificados, em carros sem placas, que sequestravam pessoas nas ruas. Quando o governo era questionado a respeito do paradeiro de tal ou tal cidadão, dava simplesmente como resposta que não existiam registros de que aquela pessoa havia nascido: a burocracia estatal como um todo tratava não apenas de corroborar com o desaparecimento, mas de criar um cenário perfeito para a sua ocorrência. Ao negar que tais pessoas sequestradas pelo Estado tenham sequer existido, toma forma uma certa genealogia retrospectiva da morte, impedindo a própria condição de existência do crime, já que nunca houve vida contra a qual esse crime pudesse ser realizado.

Outra forma de desaparecimento é aquela que ocorre, ainda hoje, em Pozo Meléndez, no estado mexicano de Guerrero, ao sul de Acapulco. Trata-se de uma cratera de cerca de trinta metros de largura, e cuja profundidade é desconhecida — não se escuta nem sequer o barulho de uma pedra tocando o solo, quando arremessada da superfície. Ali todo um regimento francês teria sido empurrado buraco abaixo quando da invasão de Napoleão III ao México. Durante a *guerra suja*, centenas de militantes de esquerda foram ali jogados, assim como vítimas da guerra contra o narcotráfico, mais recentemente.

Seria possível conceber essas formas de assassinato como o modelo por excelência, a forma mais bem acabada da aniquilação e do extermínio. A forma prototípica da *cultura do terror*: mata-se sem deixar vestígio do crime, e se dissemina um sentimento de imprevisibilidade e inexplicabilidade diante da violência e da morte, em que é impossível saber quem a comete, e quem será o próximo a desaparecer. Como os desaparecidos não necessariamente são membros dos grupos perseguidos, trata-se de um mecanismo no processo de transformação do medo em terror generalizado. Aqui parece que estamos diante de um poder que se exerce pela formação de vácuos, de vazios, em nada próximo à fórmula das sensações dependente de gestos e imagens.

Entretanto, ao se tratar das formas de violência, inexiste uma que se sobreponha à outra em termos de função e eficácia; cada uma cumpre funções distintas. Nesse sentido, a disseminação de corpos mortos mutilados, destroçados, desmembrados e decapitados, convertidos em imagem de terror, não é oposta aos desaparecimentos. Ambas compõem, de maneiras diversas, a *cultura do terror*. Como coloca Pilar Calveiro, "sempre o poder mostra e esconde. E se revela tanto no que exibe quanto no que oculta".[30]

---

30. Ibidem, p. 38.

O medo, elevado a uma escala disseminada de terror, converte-se em um verdadeiro dispositivo de controle político e social, de algum modo em consonância com os mais altos valores da sociedade. Competição, individualismo extremo e uma guerra de todos, reivindicada como modelo no plano econômico, e que o excede: "de fato, acredito que deve-se considerar as políticas de proliferação do medo como um dos dispositivos característicos da governamentalidade neoliberal",[31] afirma Calveiro.

Tais formas de desaparecimento foram investigadas com sensibilidade pelo cineasta chileno Patricio Guzmán em *Nostalgia da luz* (2010) e *O botão de pérola* (2015). As duas obras tratam de incorporar em sua própria forma fílmica esse vazio narrativo, sem recorrer à exposição de corpos sem vida como forma de denúncia ou choque.

As relações entre as atuais situações de terror em países da América Latina e aquelas que marcaram as ditaduras e repressão contra diversos movimentos de esquerda são aquelas que marcaram mais pela continuidade do que pela ruptura. Vale a pena tomar como exemplo o relatório da Comissão Nacional da Verdade brasileira. Embora seja um documento sem precedentes na recente política nacional, contém

---

31. BLANES, Jaume Peris. "Nuevas violencias, nuveas voces y nuevas resistencias en tiempos de reorganización hegemónica". Entrevista a Pilar Calveiro. Avatares del Testimonio en América Latina. *Kamchatka*, 6 dez. 2015, p. 884.

um buraco em suas páginas: reconhece que as práticas de violência da Ditadura Civil-Militar iniciadas em 1964 são herdeiras da maneira como a polícia civil efetuava torturas e assassinatos de delinquentes "comuns", mas não investiga como tais práticas cresceram na ditadura diante do aumento das graves violações de direitos humanos, enfocando-se "apenas" em crimes cometidos contra militantes políticos.

Outra continuidade das violências que uma certa narrativa acredita fazer parte do passado se entrevê na perpetuação do genocídio contra a população negra e periférica pelas forças estatais, mediante a justificativa da categoria "resistência seguida de morte". A categoria foi amplamente questionada por diversas organizações de direitos humanos diante dos indícios de que grande parte dos casos designados por esse termo consistem em execuções sumárias, com tiros na cabeça, de pessoas já rendidas. Tanto é que por recomendação da Secretaria Nacional de Direitos Humanos da Presidência da República, o Governo do Estado de São Paulo mudou a categoria para "morte decorrente de intervenção policial". Mais recentemente, o Sérgio Moro, na figura de Ministro da Justiça, propõe o "excludente de ilicitude", que retira a responsabilidade penal de policiais que assassinarem pessoas, caso os primeiros tenham "escusável medo, surpresa ou violenta emoção".[32]

32. Conferir página 210.

Em diversos países da América Latina não se criou uma consciência crítica em relação às formas de violência extrema, como pretendem países como Alemanha, França e Itália, muitas vezes de maneira cínica, é verdade, com relação ao nazifascismo. Pelo contrário, a violência ditatorial em alguns países da América Latina é reivindicada com orgulho, como em falas de que a ditadura "salvou o país do comunismo", ou que "o único erro que cometeram foi o de não exterminar a todos os esquerdistas", ou que salvaram o país de virar uma "outra Cuba", ou mesmo o revisionismo mais tacanho, de equiparar torturadores a militantes esquerdistas, afirmando que ambos cometeram excessos.

As atuais guerras contra os pobres, da qual a guerra contra o narcotráfico é uma das facetas, criam uma identificação entre a imagem do violento com a de ladrões e marginais. Aqueles que detêm o poder de grandes organizações criminosas ou corruptas, que possuem relações íntimas com grandes conglomerados empresariais e com o Estado não são vistos como perpetradores de violência. Estes últimos sequer se encaixam no conceito de violência hoje em vigor, embora os danos e mortes que causem sejam incomensuravelmente maiores daqueles tidos como "criminosos comuns". Inexiste, afinal de contas, um conceito de violência que dê conta da violência sistêmica estruturante das relações econômicas.

Fino fantasma é uma performance realizada em São Paulo pelo artista guatemalteco Naufus Ramírez-Figueroa. O local da performance, a Casa do Povo, é por si só significativo: monumento vivo criado em meados dos anos 1950 em memória aos judeus mortos no nazismo. A performance consiste em um ritual, com luzes dispersas pelo espaço, charutos, velas e bacias com água. Muito pouco, ou quase nada, acontece em términos de movimentação. Impera o silêncio. Embora não tivesse sido explicado, alguns comentários antes do início afirmavam que se tratava de uma forma de evocação dos mortos da ditadura guatemalteca, uma tentativa tímida, sutil e pouco ruidosa de estabelecer um contato com eles.

O *ritual* abre outro caminho para questionar as imagens violentas, não exatamente na ordem do racional e do intelectual, e sim no plano do sensível. A performance-ritual desloca o eixo de equilíbrio centrado na relação entre ocorrido e obra, para a relação obra-ritual e espectador-participante. Um ritual que se desenvolve marcado por uma dimensão temporal específica também, de recusa à passagem do tempo que marcaria um antes e um depois, base de um discurso de superação definitiva da violência e da marcha histórica da narrativa de progresso que a acompanha. Tanto no caso dos dois filmes de Patricio Guzmán citados acima, quanto no da performance-ritual de Naufus, experimenta-se um vazio como crítica da continuidade da violência, nas antípodas da visualidade e exposição de corpos destroçados como denúncia.

Para terminar, vale voltar às reflexões teológicas sobre a função da imagem, de onde parti: a *Incredulidade de São Tomás*, de Caravaggio. A obra trata do famoso episódio em que o Apóstolo Tomás questiona a ressurreição de Cristo, convidado por esse a tocá-lo para certificar-se da sua realidade e então atestar o milagre. Caravaggio, ao abrir uma fenda na vestimenta do braço esquerdo de São Tomás, parece jogar com o próprio espectador, como se o instigasse ele mesmo a tocar São Tomás e verificar a realidade da representação. Se era esperado que esse tema clássico da pintura religiosa, além de auxiliar no ensinamento e na memorização, provocasse a devoção e piedade, Caravaggio nos provoca a antes de tudo desconfiar das imagens, e das funções que a elas são atribuídas.

A incredulidade de São Tomás, de Caravaggio

Vozes da Amazônia[1]

"A gente tem uma história. Mas se a gente contar essa história pro branco, eu falo assim, com certeza mesmo, o branco não vai confiar. A gente tem uma história sim, mas se eu contar, você não acreditaria. Então... é difícil para mim". Foi com essa frase que Yanuke Waurá, indígena do povo Waurá, encerrou a entrevista que realizei com ela durante o Acampamento Terra Livre, em abril de 2018, momento em que diversos povos indígenas de todo o Brasil se encontram em Brasília para discutir estratégias de lutas por direitos, como acesso aos seus territórios tradicionais e por suas formas de vida.

Durante a entrevista, Yanuke contou sobre os impactos do agronegócio na vida de sua aldeia. Ela vive no Parque Indígena do Xingu, localizado no Estado do Mato Grosso — o território foi o primeiro a ser homologado no Brasil, em 1961, e por isso é de

---

1. Este ensaio foi previamente publicado no site da *Agência de Jornalismo Amazônia Real*.

certo modo um ícone na luta dos povos indígenas pelo seu direito de autodeterminação. A aldeia de Yanuke fica nas proximidades do lago Piyulaga, que em português significa "lugar de pesca". Apesar do nome, o local se tornou inapropriado para pegar peixes: "na época de chuva, quando o rio vai enchendo, os fazendeiros plantam a lavoura e jogam veneno. Como é época de chuva, desce o rio e mata todos os peixes. Aí eu vejo peixe boiando. (...) aí começamos a falar: 'a gente não pode comer esse peixe'", conta a indígena, que participa intensamente do movimento político de mulheres em sua aldeia. Elas passaram a tomar decisões junto aos homens sobre os rumos da política local.

A área demarcada de seu território e as florestas que o circundam não são suficientes para barrar os impactos do agronegócio. As plantações de soja estrangulam o Território Indígena do Xingu — como preferem chamá-lo os indígenas, recusando a associação entre parque e jardim zoológico, embutida no nome oficial de Parque Indígena do Xingu. Por motivos cosmológicos, diversos povos indígenas do Alto Xingu não comem carne de caça (como veados, porcos do mato ou aves), diferente dos hábitos alimentares de outros povos indígenas da América do Sul. Isso implica que a ausência de peixes na alimentação, principalmente das crianças, gera um sem-número de problemas para essas populações.

A fala de Yanuke que encerrou a nossa entrevista veio como resposta a uma pergunta que havia lhe feito, a respeito da história da origem de seu povo e como eles concebem a origem do mundo em que vivem. Eu acreditava poder dar um tom afetivo e sensível para a história de violência e de resistência que escutava, e assim tornar o texto mais complexo, ao tentar apresentar, ainda que de maneira pontual, traços da riqueza e complexidade que marcam a visão de mundo de seu povo.

Mas a negação, ou melhor, a esquiva de Yanuke em responder a minha pergunta, hoje me parece uma atitude muito mais profunda do que pude compreender na época. Era a instauração de um limite, de uma separação: "existem coisas que eu posso falar, que eu posso contar, mas que vocês, brancos, não vão acreditar", parecia dizer. "Existe um outro mundo, no qual eu vivo, e que é inacessível para vocês, pois vocês não acreditam". Ou pior, "vocês o estão destruindo".

Entrevistei Yanuke e mais cerca de quinze indígenas da Amazônia brasileira enquanto estava fazendo a cobertura jornalística do Acampamento Terra Livre para a agência de jornalismo investigativo *Amazônia Real*, com sede em Manaus. Provavelmente a única agência de notícias localizada na Amazônia brasileira sem laços com famílias historicamente proprietárias de terras e meios de comunicação. Estava então acompanhado de um fotógrafo indígena, Yanahin Matala Waurá, primo de Yanuke.

O clima durante o acampamento em 2018 era de tensão, e a conjuntura política desfavorável para os povos indígenas. Após destituir a presidenta Dilma Rousseff de seu cargo em um processo de impeachment com poucas, se é que alguma, prova de crime de responsabilidade cometido pela mandatária, o governo de Michel Temer estabeleceu uma relação umbilical com os congressistas próximos ao agronegócio. Temer se sustentava na força política mais abertamente anti-indígena do país para terminar o seu mandato, e evitar o seu próprio impeachment. Por isso, diversas medidas de seu governo foram tomadas para agradar esse poderoso bloco no Congresso, conhecido como Bancada Ruralista, e formalmente organizados na Frente Parlamentar da Agricultura (FPA).

Entre as decisões do executivo que no momento ameaçavam os povos indígenas estava a paralisação dos processos de demarcação de terras indígenas, a locação de cargos da Fundação Nacional do Índio (Funai) a pessoas afins aos grupos evangelizadores, a proposta de lei de flexibilização do uso de agrotóxicos (muitos proibidos em outros países) e a tentativa de instaurar a controversa tese do marco temporal na judicialização de processos de demarcação de terras indígenas.

A tese do marco temporal, defendida por ruralistas, define que os povos indígenas localizados no Brasil teriam apenas direito às terras em que se encontravam em 1988, quando da promulgação da Constituição Brasileira. Um dos principais problemas envolvidos nessa tese é o apagamento da história de violência a que foram submetidos os povos indígenas, principalmente durante o período da Ditadura Civil-Militar (1964–1985). Ao longo desse período era comum os militares transportarem povos inteiros de uma região à outra, independente de sua vontade e conforme o interesse dos projetos de construções de estradas e ocupação por produtores rurais.

Difícil de calcular, estima-se que 8,3 mil indígenas foram mortos durante a Ditadura Civil-Militar. Esse número, definido pelo relatório da Comissão Nacional da Verdade, criada durante o governo Dilma Rousseff para apurar os crimes cometidos pelos militares durante a ditadura, não leva em conta, por exemplo, o relatório da Cruz Vermelha sobre os crimes contra indígenas durante a ditadura, produzido entre o final dos anos 1960 e início dos anos 1970, e que veio a público apenas em 2016 — ou seja, após a publicação do Relatório da Comissão da Verdade.

Outro fator de tensão era a força que ganhava Jair Bolsonaro para a corrida presidencial. Em abril de 2017, um ano antes, Bolsonaro afirmou, em palestra no Rio de Janeiro, que no seu governo "não vai ter um centímetro demarcado para reserva indígena ou para quilombola". Nas primeiras horas de governo, assim que tomou posse, em janeiro de 2019, Bolsonaro deslocou para o Ministério da Agricultura as duas principais atribuições da Funai: demarcação de terras indígenas e quilombolas e o processo de licenciamento para empreendimentos que possam atingir esses povos. Chefiado por uma das líderes do setor agropecuário, a deputada federal Tereza Cristina, o Ministério da Agricultura é o principal interessado em representar o setor ruralista, contrário aos processos de demarcação, e que considera que os povos indígenas e os direitos a eles associados impedem o produtor rural de trabalhar.

Ao longo dos últimos anos, tenho realizado uma intensa cobertura jornalística da Amazônia. Com cerca de 5.846.100 km², trata-se da maior bacia hidrográfica e maior floresta do planeta, abrangendo nove países: Bolívia, Peru, Colômbia, Equador, Venezuela, Guiana, Suriname, Guiana Francesa e Brasil. Narrar os conflitos políticos que ocorrem em um território tão vasto implica desafios consideráveis, tanto pela amplitude da área como pela dificuldade de acesso a zonas remotas, custos envolvidos, perigos naturais e possibilidade de desentendimentos com madeireiros, garimpeiros e fazendeiros — que em mais de um caso implicou na morte de jornalistas. A região, rica em petróleo, minérios, com elevado potencial hidrelétrico e de produção de grãos (principalmente soja), pode ser considerada como uma das fronteiras em expansão do capitalismo contemporâneo.

A minha decisão de cobrir estes conflito tem implicado em "escrever de perto" a essas populações amazônicas, como propõe a artista e teórica vietnamita Trinh T. Minh-ha. Evitar falar sobre e evitar elaborar explicações e análises; trata-se menos de formular uma gramática dos conflitos e mais uma tentativa de explorar e reverberar os enunciados de pessoas cujas trajetórias de vida se confundem com a da transformação violenta de seus territórios. Seja em meu trabalho como antropólogo, seja em meu trabalho como jornalista, o desafio é recontar as histórias de destruição da floresta e do território amazônico ressoando a narrativa das pessoas mais afetadas por esses processos: populações indígenas, ribeirinhas e quilombolas.

Nesse ensaio, faço uma compilação desses enunciados sobre a violência e destruição de formas de vida, bem como das resistências. Se tais relatos, à primeira vista, podem parecer similares e repetitivos, se a recorrência de formas de destruição permitiriam identificar uma gramática bem delimitada da forma como tais conflitos ocorrem, talvez valha a pena explorar um outro caminho, que a fala de Yanuke nos abre. Não o que todos esses relatos dizem de parecido, mas o equívoco profundo envolvido no contato entre mundos diversos.

Como coloca o antropólogo Eduardo Viveiros de Castro, a antropologia tem o desafio de traduzir outras formas de conceber o mundo, para além de nossas projeções etnocêntricas sobre o outro: a antropologia como uma forma de conhecer como outros povos conhecem o mundo, a antropologia convertida em meta-antropologia. O equívoco, assim, não seria um erro, uma falha na tradução ou na comunicação; inexiste uma tradução correta, por não existir um referencial único a ser traduzido de maneira inequívoca.

Existe algo que excede à possibilidade de tradução de mundos. Explorar o equívoco permite entender que o mesmo termo, a mesma forma de falar, implica coisas distintas para o indígena que o enuncia e para o não indígena que o escuta. A escuta do outro, o "escrever de perto", pode ensejar essa forma de equívoco no próprio texto, adentrando as bases a partir das quais tais equívocos ocorrem. Tentar explicitar as fissuras e os incomensuráveis implicados na comunicação, onde acreditávamos estar a potência do diálogo, da compreensão mútua e da possibilidade de um mundo.

São essas vozes, e esses equívocos, que procuro trazer neste ensaio.

Domingos Peas é um líder político Achuar que conheci enquanto trabalhava na cobertura do Fórum Social Panamazônico, em abril de 2016, em Tarapoto, na Amazônia andina do Peru. Os Achuar vivem na fronteira entre Peru e Equador, "nós, indígenas, nunca tivemos fronteiras. Por isso temos conversado muito aqui sobre como rompê-las", conta Peas.

Sua vinda para o encontro que reunia populações dos nove países que compõem a bacia amazônica estava vinculada à criação de um parque binacional de preservação das nascentes do Rio Amazonas, projeto que leva o nome de *As Bacias do Rio Napo e do Rio Marañón*: "esse projeto, para mim, é a única possibilidade que resta em nossas mãos". A fala de Peas e seu uso da língua espanhola, na qual nos comunicávamos e que não era a primeira língua de nenhum de nós, misturava um tom profético e de certeza. Peas repetia expressões que ouvi com pouca frequência em espanhol, apesar de ter viajado por e residido em diversos países de língua espanhola.

"Ustedes sabrán" ("vocês saberão", em português) talvez seja a mais utilizada e aquela com que melhor consigo expressar a sensação de que não era uma entrevista qualquer, mas que me encontrava diante de um discurso profético, de que havia uma mensagem que demandava ser proferida e escutada, que Peas dirigia ao fundo dos meus olhos, sem desviar o seu olhar, em nenhum momento de quase uma hora de conversa. "Vocês saberão que a selva da qual nós cuidamos não foi criada para finalidades monetárias, mas porque temos uma conexão com nossa *madre tierra*". "Vocês saberão que antes as fronteiras não existiam para os indígenas. São os interesses da colonização que legitimaram que cada Estado criasse as suas fronteiras, para desenvolverem os seus projetos de exploração e interesses alheios".

Em sua argumentação, Peas analisa o impacto que as ações de povos não indígenas tem sobre o seu território, sobrepondo um discurso que incorpora análises geopolíticas e científicas, bem como a importância dos Achuar e demais povos indígenas do mundo: "todos nós sabemos que os diferentes problemas que afligem a Amazônia não são produzidos por nós, mas sim por empresas multinacionais. Não os estamos criando nós, mas eles, os países industrializados, que poluem, não reduzem suas emissões de poluição, seguem contaminando, e ainda por cima vêm destruir o nosso território. Por isso essa posição de conservar, pois essas serras têm uma função essencial no acúmulo das águas que servem todo o continente. É necessário, se não queremos ter uma destruição irreversível, manter, cuidar desta selva", afirma Peas, mantendo o seu tom profético.

O líder Achuar questiona cientificamente qual dos projetos é o mais viável, como que desafiando o conhecimento que temos do mundo: "o projeto também consiste em deixar de lado tudo o que se refere às mineradoras, pois sabemos que por melhor que seja a tecnologia, sempre haverá poluição. Por isso temos que analisar, comparar, tecnicamente, cientificamente, economicamente. Analisar as opções: que desenvolvimento deu o petróleo? E se preservarmos essa floresta, que desenvolvimento teremos? Temos que comparar. Não falar assim por falar, mas falar tecnicamente, com fundamentos, com argumentos". Sua fala é calma, pausada e firme. Ele apresenta a sua alternativa, baseada nos modos de vida indígena, como a mais certeira, tanto para não indígenas quanto para indígenas: "daí nossa missão em conservar essas bacias sagradas, com nossas culturas, nossos ritos, nossos idiomas. Com nossas formas de administração da selva".

Um dos planos mirabolantes que os militares que governaram o Brasil durante mais de vinte anos elaboraram para a Amazônia era torná-la um grande lago navegável, para a defesa do território brasileiro, conforme conta o jornalista Rubens Valente na obra *Os fuzis e as flechas*. Em seu livro, investiga as violências cometidas pelos militares contra os povos indígenas, a partir de minuciosa pesquisa em arquivos. Essa imagem, inundar a Amazônia para torná-la um grande lago navegável, torna-se potente para pensar a Amazônia hoje, justamente por misturar delírio e realidade. Traz à mente imagens como aquelas eternizadas no cinema por Werner Herzog, que recria a história do irlandês Brian Sweeney Fitzgerald, o Fitzcarraldo, que dá nome ao filme, um dos barões do ciclo da borracha, em êxtase, ensandecido por um projeto de transportar uma ópera rio acima, até Iquitos, no coração da Amazônia peruana, custe o que custar.

Como devaneio que é, essa imagem permite um ponto de vista privilegiado para aproximar-se dos mega-projetos que hoje destroem o território amazônico, e que ressoa no imaginário dos militares brasileiros durante a ditadura. "Um deserto verde", diziam, ao referir-se à Amazônia, acreditando, ou talvez desejosos de fazer acreditar que se tratava de um território em que inexistiam pessoas. Toda uma região para a qual queriam fazer emigrar massas de trabalhadores sem-terra, do Sul do país e da região Nordeste, retirando-os da seca com promessas fáceis ou com o objetivo de diminuir a força de movimentos de esquerda ligados ao campo e em nome da reforma agrária, como as Ligas Camponesas. Surgidas em 1946 e ligadas ao Partido Comunista do Brasil, as Ligas foram duramente perseguidas durante o período ditatorial.

A ideia de alagar a Amazônia, tão absurda como imagem que chega a parecer inimaginável, diz algo a respeito de projetos que, para se tornarem reais, envolveram grande destruição e custaram a vida de milhares de pessoas. Entre essas obras insanas encontra-se o empreendimento de construção da Estrada de Ferro Madeira-Mamoré, cruzando o estado de Rondônia, que após duas tentativas frustradas de ser construída no século XIX, foi concretizada pelo empreendedor norte-americano Percival Farquhar entre 1907 e 1912, causando a morte de cerca de 6 mil trabalhadores, acometidos por disenteria, malária e outras doenças tropicais. Ou o projeto iniciado em 1927 por Henry Ford, em Belterra e Fordlândia, às margens do Rio Tapajós, no oeste do Pará, para suprir com látex suas fábricas de pneus, e que faliu, já que nenhum dos gerentes do empreendimento tinha conhecimento de técnicas de plantio nos trópicos, dispondo as seringueiras (árvore da qual se origina o látex), muito mais próximas umas das outras do que usualmente se encontram na selva, tornando-as alvo fácil para as pragas que vieram a devastá-las. Também a construção das três grandes rodovias que visavam "integrar" a Amazônia ao território nacional e desenvolver a região fazem parte dessa série de projetos que se sobrepõem de maneira violenta aos mundos pré-existentes a eles, como a Transamazônica, a Perimetral Norte e a Cuiabá-Santarém.

Todas de difícil construção, implicaram na morte de milhares de trabalhadores e a devastação dos povos indígenas locais e da natureza.

Cada uma dessas obras traz em si um pouco do projeto de alagamento da Amazônia para proteção das fronteiras brasileiras, na medida em que todas são projetadas e construídas sem levar em consideração as pessoas que vivem nesses territórios. Cada novo ciclo de desenvolvimento na Amazônia vem acompanhado de novas formas de destruição. Entre as mais recentes, estão os projetos de construção de usinas hidrelétricas. Apenas para a Amazônia brasileira, estima-se que serão construídas cerca de cem usinas hidrelétricas nos próximos anos, e cerca de 250 em toda América Latina.

Patricia Juruna tinha 27 anos quando a entrevistei durante o Acampamento Terra Livre de 2018. Filha de uma indígena Juruna com um pai branco, Patricia não cresceu na aldeia de seu povo, localizada nas imediações da volta grande do Xingu, onde foi construída a Usina de Belo Monte, uma das mais controversas obras de infraestrutura projetadas durante os governos do Partido dos Trabalhadores. Em sua adolescência, sempre que possível Patricia visitava a aldeia de origem de sua mãe. Nessas visitas, uma de suas tias lhe contava as histórias de seu povo: "ela que foi me transmitindo tudo o que eu não tive em minha infância, que as pessoas tiveram na aldeia e eu não". Patricia conta que sua bisavó também se casou com um não indígena. Seu povo tinha muitos conflitos com os vizinhos Kayapó. Um dia, há muito tempo, invadiram sua aldeia para raptar as mulheres e matar os homens. Sua avó fugiu para a mata, para escapar, e acabou no acampamento de seringueiros onde conheceu Plácido, seu futuro esposo. Após a morte de Plácido, casou com um indígena de outro povo, os Arara.

Hoje moradora da cidade de Santarém, local onde se encontram as águas dos Rios Tapajós e Amazonas, Patricia é uma militante contra a construção das usinas hidrelétricas previstas na bacia do Tapajós — tendo em mente o que aconteceu com a construção de Belo Monte: "o governo vem com esse discurso que a hidrelétrica é sustentável... eu fico tão indignada com isso, porque não é sustentável nem do ponto de vista ambiental nem social. Aquelas pessoas tinham o seu modo de vida, que não foi respeitado. Elas viviam a vida toda ali, e de repente tiveram que sair", conta Patricia.

"Elas não tiveram opção: era sair ou sair. Diziam 'você tem até tal data pra sair!'. A gente, por exemplo, não pode chegar em um cemitério dos brancos, que para vocês é sagrado, e colocar a nossa aldeia lá em cima, e sair quebrando tudo. E por que os não indígenas podem fazer isso com a nossa terra?", questiona Patricia Juruna, que hoje se dedica também ao fortalecimento da rede de mulheres indígenas do Baixo Tapajós, com a organização de encontros e eventos de troca de formas de cuidado tradicionais e empoderamento das mulheres.

No Rio Tapajós, toda a devastação causada pela construção de Belo Monte serve como um espelho aterrorizante diante do que pode se passar com os territórios localizados às suas margens. Belo Monte foi amplamente questionada por ambientalistas e por técnicos do sistema de abastecimento de energia no país. Estima-se que o elevado custo desta obra faraônica e os impactos socioambientais irreversíveis por ela gerados possam sair mais caros do que o seu potencial energético. Além disso, a cidade de Altamira dobrou a sua população em cinco anos, recebendo grande parte das comunidades indígenas e ribeirinhas desalojadas pela construção da usina. Em 2018, Altamira foi considerada a 8ª cidade mais violenta do país, com cerca de 91,9 homicídios para cada 100 mil habitantes.

Ao testar a sua primeira turbina, em 17 de fevereiro de 2016, um incidente gerou a inundação do principal reservatório da barragem. Mais de 16 toneladas de peixes foram encontrados mortos, o que ocasionou também a morte de um sem número de aves. Apesar da multa milionária aplicada pelos órgãos de fiscalização ambiental brasileiros, a empresa responsável pelo consórcio segue sem cumprir as medidas de compensação, como construção de uma infraestrutura mínima aos desalojados. O documentário *Belo Monte: depois da inundação*, do cineasta canadense Todd Southgate, que pode ser encontrado on-line, dá uma dimensão da tragédia. Na esteira da construção da hidrelétrica, o projeto da Belo Sun Mining, empresa de origem canadense, está às voltas com a legislação brasileira para começar a extração de ouro nas imediações da Volta Grande do Xingu.

Por isso a pressa e o desespero do povo indígena Munduruku em ter parte de seu território demarcado, nas margens do Rio Tapajós. A Terra Indígena Sawré Muybu possui 178.173 hectares, e desde abril de 2016 é reconhecida pelo governo brasileiro como território indígena, mas ainda não foi homologada pelo poder executivo. Como forma de pressionar o governo brasileiro, os indígenas Munduruku, com apoio da ONG Greenpeace, realizaram o mapeamento do seu próprio território, o "Mapa da vida: a visão do povo Munduruku sobre seu rio e seu território" (disponível on-line), que indica lugares sagrados e seus conhecimentos ancestrais sobre a natureza da região. Hoje, o território Munduruku é ameaçado por garimpeiros ilegais, madeireiros e pela construção de cerca de 42 usinas hidrelétricas na Bacia do Rio Tapajós, cujos efeitos, à imagem de Belo Monte, podem ser devastadores. A contaminação por mercúrio no Tapajós, que tem origem tanto no garimpo ilegal quanto na construção de hidrelétricas — já que coloca em circulação camadas subterrâneas de mercúrio — se transformou em um grave problema de saúde na região.

Outros países da América do Sul passam por processos similares, com suas devidas particularidades. José Antonio Saldarriaga Tabares me contou sobre a resistência contra a exploração de minérios e petróleo no território tradicional de Caquetá, na Colômbia. Emerald Energy, uma empresa chinesa, "pretendia explorar petróleo e outros minérios. Mas nós nos colocamos durante dois meses bloqueando uma ponte de passagem obrigatória. Nos expulsaram a balas. Tivemos quinze feridos, dois com extrema gravidade, um dos quais já não é mais o mesmo", conta. José Antonio entrou em greve de fome, enquanto a comunidade à qual pertence protestava contra o exército e a polícia; estes tratavam, sem sucesso, de garantir a ordem para que os estudos de prospecção da mineradora chinesa ocorressem. Apesar da Suprema Corte da Colômbia ter decidido que as comunidades devem ser consultadas quanto aos projetos que o governo deseja desenvolver em seus territórios, os prefeitos e governadores da Colômbia não aceitam tal decisão, que já foi levada para organismos internacionais arbitrarem.

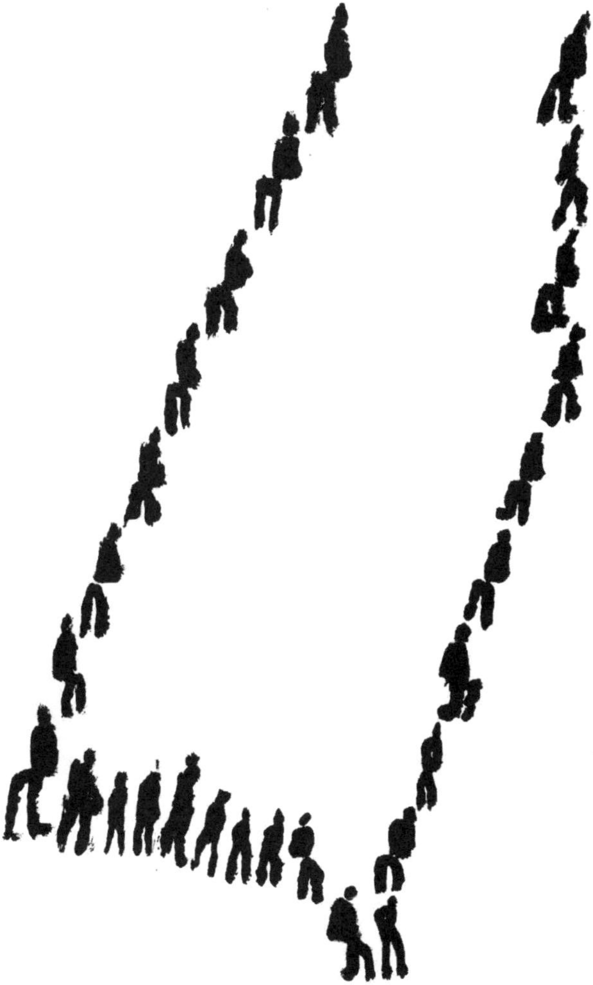

José Antonio é também cético quanto ao processo de paz firmado entre o governo colombiano do presidente Juan Manuel Santos e as Fuerzas Armadas Revolucionarias de Colombia — Ejército del Pueblo (FARC-EP), em 2016: "opino, de maneira muito pessoal, que essa 'paz' que está criada tem também como fundo permitir que entrem mega-projetos extrativistas antes impossíveis. Pois quando estava a guerrilha, as multinacionais não entravam em todas as partes, pois tinham medo. E isso eu vejo com muito pessimismo. Aplaudo o processo de paz, pois um morto a menos já é um grande ganho. Mas não acredito que estejamos construindo as bases para que essa paz seja sólida e duradoura".

Nossa conversa foi realizada em 2017, portanto, cerca de um ano após a assinatura dos acordos de paz com as FARC. Em 2018, o fenômeno de "asesinato de líderes sociais", como passou a ser chamado na Colômbia, atingiu níveis alarmantes: entre 1º de janeiro de 2016 e 30 de novembro de 2018, estima-se que 423 líderes sociais tenham sido assassinados. Muitos deles eram líderes de associações comunais, a principal forma de gestão de territórios em zonas afastadas. Esses assassinatos, para muitos analistas, minam as bases dos acordos de paz.

Equador e Bolívia são dois países que compõem a região amazônica e que no final da primeira década do século XXI animaram ambientalistas e defensores de direitos humanos por todo o mundo. Na Bolívia, o que mais chamou a atenção foi o processo de elaboração da Constituição pelo governo de Evo Morales, que culminou na redefinição da Bolívia como um Estado Plurinacional, e estabeleceu direitos inéditos aos povos indígenas na gestão de seus territórios e participação no governo. Já no caso equatoriano, foi durante o governo de Rafael Correa que se estabeleceram os direitos da Natureza (*Pachamama*) na Constituição de 2008. Ou seja, o reconhecimento da natureza enquanto sujeito de direito.

Em ambos os Estados vinham predominando governos de centro-esquerda, marcados por um forte discurso ambientalista e uma relação de afinidade com os movimentos indígenas. Entretanto, o que narram pessoas desses países difere muito da imagem com a qual se promoveram os Estados boliviano e equatoriano.

Gabriela B. (a militante preferiu ocultar seu sobrenome com receio de perseguições, o que dá uma ideia do ambiente), é originária de Quito, no Equador. Formada em Ciências Sociais, tem trabalhado junto a populações indígenas de seu país. "A verdade é que o extrativismo se intensificou como nunca nesses últimos anos. A renegociação dos contratos petroleiros permitiu que o Estado aumentasse, e muito, a sua parte. Pois antes os ganhos eram insignificantes. E isso também permitiu ao Estado entrar em outras lógicas mais, digamos, 'gananciosas'. Um caso hoje emblemático é o da comunidade indígena Shuar de Nankint, na Cordilheira do Cóndor. O projeto Cóndor Mirador, empreitada chinesa, é um dos maiores projetos de mineradoras do país. A análise de impacto ambiental realizada pela empresa mostra que o Rio Tundaíme, um rio vivo e despoluído, será desviado. No leito deste rio vão colocar todos os detritos das mineradoras, uma barragem como aquela que se rompeu no Brasil, só que nove vezes maior", diz a cientista equatoriana, comparando o caso do Rio Tundaíme com o da barragem da empresa Samarco, que se rompeu em Mariana. Na primeira versão deste ensaio, o ocorrido em Mariana era considerado a maior tragédia ambiental do país; de lá para cá, tivemos também Brumadinho, que torna qualquer competição pelo "pior" irrelevante e assombrosa.

Para Gabriela, o governo de Rafael Correa começou com um discurso e práticas muito interessantes. Mas de certo modo, o processo da estabilização da economia e das demandas políticas da sociedade equatoriana abriu caminho para o incremento de mega-projetos extrativistas em áreas sensíveis como o Parque Yasuní, uma das reservas mais importantes do Equador, no qual o governo Correa permitiu a entrada de mineradoras e petroleiras.

Processo similar ocorreu na Bolívia de Evo Morales, em que o próprio governo manteve um discurso ambientalista e pró-indígena por um lado, e, por outro, foi um grande aliado dos fazendeiros que desmatam a Amazônia para pecuária ou para plantar soja, sorgo, arroz e trigo, e de mega-projetos extrativistas. "Nos últimos três, cinco anos, o governo tem estado cada vez mais próximo ao agronegócio", diz a militante G. C., que preferiu manter o anonimato, com receio de represálias em seu país. Para ela, um dos resultados da aproximação do governo aos movimentos indígenas é que o país ficou sem lideranças indígenas para lutar contra as decisões do governo. "Quando olhamos para os governos de esquerda que tivemos pela América Latina, vemos que tivemos muitos retrocessos no tocante aos direitos humanos, não só na Bolívia. E isso é algo muito difícil. Durante as ditaduras, sabíamos bem quem eram nossos inimigos, e como deveríamos atuar para que não nos matassem nem fisicamente, nem civilmente. Agora já não sabemos mais como enfrentar esses inimigos, pois são de esquerda, são democráticos, e além de tudo falam da pluralidade". Nesse momento o olhar de G. C. fica visivelmente mais apreensivo e preocupado.

Observação: desde que escrevi este ensaio até o momento de sua publicação, muita coisa aconteceu. Evo Morales sofreu um golpe após um processo eleitoral conturbado, Rafael Correa está exilado na Bélgica, com mandado de prisão expedido pela justiça equatoriana, e Bolsonaro implementa uma verdadeira guerra de destruição contra a floresta e seus defensores. Ao pensar na experiência de centro-esquerda que governou a América Latina no início do século XXI, me pergunto que legado deixaram, no que diz respeito às formas de lidar com a floresta e seus povos. O debate é complexo, e como bom debate, não tem uma resposta única. Tenho a sensação de que é urgente, aliás, não apenas para uma posição ecossocialista, mas para todo campo político não interessado em repetir os erros do nacional-desenvolvimentismo.

Gabriela B. compreende o atual processo de destruição da Amazônia sob o avanço do capitalismo extrativista a partir da lógica de diferentes economias em choque: "nesse sentido é uma fronteira, política e econômica. Neste embate, encontram-se duas economias distintas, as economias que fazem os povos indígenas, os povos amazônicos, que são economias baseadas em outras cosmovisões: o compartir, o dar, a relação com a natureza, a reciprocidade. E por outro lado, a economia capitalista, com toda a sua lógica de acumulação do capital, de desapropriação, de destruição e exploração dos territórios".

Para a antropóloga sino-americana Anna Tsing, que realizou toda uma conceitualização da lógica embutida na expansão das fronteiras do capitalismo, ao tratar do desmatamento na Indonésia: "as fronteiras são desregulamentadas, porque surgem nos interstícios das colaborações entre parceiros legítimos e ilegítimos: exércitos e bandidos; gângsteres e corporações; construtores e desapropriadores. Eles confundem os limites da lei e do roubo, governança e violência, uso e destruição. Essas confusões mudam as regras e, assim, possibilitam novas economias extravagantes de lucro, assim como perdas". Uma perspectiva teórica afinada com a visão do líder colombiano José Antonio Saldarriaga Tabares: "temos que abrir os olhos, pois esse modelo extrativista nos leva à ruína, nos traz apenas desigualdades sociais, contamina nossas fontes hídricas, e sem água não há vida. Para ninguém".

O capitalismo extrativista resguarda à Amazônia o lugar usual ocupado por territórios do Sul na divisão colonial: o de fornecedor de matéria prima, de mão de obra barata, de terra e de vidas. Mas a destruição das formas de vida humanas e não humanas do território amazônico pode ter um efeito devastador e irreversível para todo o planeta, como afirmam tanto cientistas como xamãs indígenas (para os quais, evidentemente, o fim da floresta possui significados muito distintos). Trata-se de "um dos territórios mais afetados pelo delírio contemporâneo", como bem colocou Martina di Stefano, amiga e filósofa italiana a quem compartilhava algumas ideias e receios em meu trabalho de pesquisa e cobertura jornalística.

Tenho escutado quatro temas aparecerem com frequência na forma como indígenas relatam os conflitos políticos pelos quais passam: a destruição de seus territórios, a relação entre formas de alimentação e doenças, a importância das mulheres indígenas nos processos de decisão política e a negação da identidade étnica de indígenas.

Diferentemente dos modelos modernos de corporalidade, de maneira genérica, pode-se dizer que o corpo, para diversos povos indígenas, passa por um incessante processo de feitura ao longo da vida, no qual a alimentação, o comer aquilo que cada povo considera como comida de verdade, é central. Comer comida ruim, "comida de branco", é muitas vezes associado a doenças. Em diversas ocasiões escutei de indígenas que os problemas de saúde enfrentados hoje por essas populações inexistiam no tempo dos antigos.

"Muitos jovens vão às cidades com cânceres que até pouco nós não conhecíamos", afirma a liderança Achuar Domingos Peas, na mesma entrevista em que falamos sobre o seu projeto de parque para a proteção das nascentes do Rio Amazonas. Para Margarita Rodriguez Weweli-Lukana, do povo Sikuani, que vive na fronteira entre a Amazônia colombiana e venezuelana, "nossos avós viveram muitos anos. Naquela época, não tinha poluição nem contaminação, não sofriam de parasitas, nem de gastrites, nem de apendicite, nem de problemas de cólon, não sofriam de hepatite, nem de nervos, nem de más formações... mas agora com a comida que leva muitos produtos químicos, temos todos esses problemas", afirma ela.

Margarita me contou também que sua avó havia participado da grande guerra mundial. Espantado, perguntei como isso era possível, e a que guerra ela se referia, imaginando estar aludindo à Primeira ou à Segunda Guerra Mundial que ocorreram majoritariamente em solo europeu. Constrangido, ouvi a sua resposta: "a colonização, a grande guerra". Pouparam a sua avó, mas mataram a irmã dela: "cortaram os braços, abriram o seu tronco, e em uma forma redonda, fizeram com que as outras guerreiras observassem como batia o seu coração, com ela viva, toda aberta".

Um dos movimentos reivindicatórios mais fortes na região amazônica é o de mulheres. Rosimere Arapaso, que entrevistei durante um protesto em Brasília em 2018 contra a utilização do marco temporal em processos judiciais, é originária do Alto Rio Negro e participa da Makira-Etê, rede de mulheres indígenas do estado do Amazonas. "São as mulheres que estão na linha de frente, e que sofrem muitas ameaças hoje. São elas que estão lutando pela

defesa de seus territórios, pois seus maridos estão mortos, seus filhos guerreiros estão sendo mortos ou estão mortos. Então só sobraram as mulheres indígenas na linha de frente de guerra, e é por isso que estamos com a voz das mulheres indígenas: 'nós pedimos respeito!'".

"Enquanto mulheres, temos que lutar conjuntamente com os homens, diante das inúmeras ameaças que nos rondam. Mas também temos nossas particularidades, pois nós também queremos decidir nos manifestar a respeito de outras problemáticas. E uma delas é justamente a participação das mulheres dentro das próprias comunidades, pois muitas vezes não somos consideradas como qualificadas", afirma Ketty Marcelo Lopez, indígena Ashaninka e presidenta da Organização Nacional de Mulheres Indígenas Andinas e Amazônicas do Peru. Ketty reivindica a participação das mulheres em todos os âmbitos decisórios da vida comunitária indígena e nos cargos diretivos. É comum ouvir também de mulheres indígenas acerca do papel diferencial que possuem as mulheres em relação aos homens na formação das comunidades, por sua relação mais forte com a terra.

Como todas as sociedades, as sociedades indígenas não se encontram paradas no tempo, ou mesmo fora da história. A ideia de que essas sociedades estariam se "falsificando", ou perdendo a sua "originalidade" ao incorporarem objetos, tecnologias e reflexões de outras culturas, depende de uma visão colonialista de que a história desses povos teria se iniciado na colonização, de que antes não se transformavam. Pelo contrário, a incorporação de objetos como motores elétricos, por exemplo, em barcos que antes eram navegados a remo, pode permitir que se estreitem laços de afinidade, parentesco e trocas entre comunidades distantes; telefones celulares podem permitir gravar cantos e rituais.

Porém, um discurso político inflamado, a serviço do interesse de grandes produtores rurais, não raro acusa indígenas em luta por suas terras de serem falsos índios. As acusações vêm por vezes acompanhadas de um tom persecutório e conspiracionista. Na Comissão Parlamentar de Inquérito aberta na Câmara dos Deputados para apurar supostas irregularidades em processos de demarcação de terras indígenas, e cujo relatório foi publicado em maio de 2017, não foi raro escutar de deputados federais próximos ao agronegócio que antropólogos fizeram laudos falsos, atestando a identidade indígena de populações rurais a serviço das grandes potências mundiais que não querem permitir o desenvolvimento competitivo do Brasil. Ignoram, deliberadamente, que os povos indígenas se transformam de acordo com um intenso trabalho de reflexão acerca do mundo, interpretando tais mudanças a partir de seus repertórios.

Megaron Txucarramãe é um importante cacique do povo Kayapó e uma das principais lideranças contra a construção de Belo Monte. Junto com seu tio Raoni, tornou-se uma pessoa emblemática na luta dos povos indígenas brasileiros ao redor do mundo. Conversamos em 2018, também durante o Acampamento Terra Livre, em Brasília. Megaron fala pausadamente, com a voz um pouco rouca. Estava gripado quando conversamos. Seu vigor físico é evidente, embora estivesse cansado. Pela manhã, caminhamos quase seis quilômetros sob o sol seco de Brasília, do local onde estávamos acampados até a sede do Ministério da Justiça, na Esplanada dos Ministérios. Aliás, "nada mais justo que os invadidos invadam o quartel-general dos invasores", afirmou uma vez o antropólogo Eduardo Viveiros de Castro a respeito das manifestações indígenas em Brasília.

Na época, Megaron estava inquieto com a campanha eleitoral, especialmente com a campanha do então pré-candidato à presidência Jair Bolsonaro. "Se ele for eleito Presidente da República, ele diz que vai integrar o índio na sociedade dele. E isso nos preocupa... pois se ele integrar o índio na sociedade do branco, o índio vai viver pior do que as pessoas que moram na favela, do que sem teto, do que sem terra... assim que eu vejo. Muitos índios não têm preparo ou estudo para sustentar a sua família [na cidade]. Na aldeia, na terra dele, o índio sabe fazer as coisas que tradicionalmente aprende e vem fazendo até hoje. Na sua terra, no seu lugar. Mas agora, com essa ameaça, é muito perigoso, para o futuro dos nossos povos indígenas... E é isso que me preocupa".

Para Megaron, o discurso de integrar o índio na sociedade tem uma profunda dimensão colonial, um discurso que escamoteia uma política de extirpação da diferença, a despeito de sua vontade de querer ou não ser integrado em uma posição de extrema precariedade, como base explorada do capitalismo contemporâneo. "Integrar o índio na sociedade?! Vai morrer índio, índio vai acabar. Ele, Jair Bolsonaro, e Eduardo Bolsonaro, que é o filho dele, não são bons para nós. O que é que nós fizemos para ele? Índio não invadiu o apartamento dele. Índio não invadiu a fazenda dele. Por que ele tem que invadir e acabar com nossa terra?", conclui o cacique, trazendo para um plano direto as suas reflexões sobre os ataques que os indígenas vêm sofrendo.

O projeto integracionista de Bolsonaro é o capítulo mais recente de uma história de violência que dura mais de 500 anos. Faz parte do "apoio solícito que o Estado sempre deu a todas as tentativas de desindianizar o Brasil, varrer a terra de seus ocupantes originários para implantar um modelo de civilização que nunca serviu a ninguém senão aos poderosos", afirmou Eduardo Viveiros de Castro na aula pública que proferiu em uma praça no centro do Rio de Janeiro, em abril de 2016. Trata-se do projeto de transformar os índios em pobres, desmuni-los de suas formas de produção e circulação de bens que provinham do contato com a terra, à qual pertencem — e não à terra que lhes pertence. Uma outra noção e relação de propriedade. Separar os índios da terra foi, e é, uma das condições de extermínio dos indígenas, do projeto de convertê-los em trabalhadores pobres das periferias brasileiras.

Em setembro de 2018 fui à cidade brasileira de Pacaraima, localizada na fronteira com a Venezuela, dentro da Terra Indígena São Marcos, para cobrir a migração de venezuelanos escapando do governo de Nicolás Maduro. Semanas antes, moradores da cidade armaram-se de paus e pedras para expulsar os venezuelanos que dormiam nas ruas da cidade, enquanto esperavam passagem para Boa Vista, Manaus, e outras cidades mais ao sul do Brasil ou para os países vizinhos, em busca de trabalho. A criminalidade na cidade havia aumentado, e a agressão a um comerciante local querido pelos moradores foi o estopim para que a população decidisse fazer justiça com as próprias mãos.

Na principal rua da cidade parei para comer uma arepa, um salgado típico da Venezuela e da Colômbia, feito com farinha de milho branca e que lembra uma tapioca. Pretendia me ambientar no local, escutar as conversas e quem sabe conseguir puxar assunto com alguns dos imigrantes, como vinha fazendo ao longo de toda a semana anterior. A atendente e dona do pequeno negócio mostrou-se muito aberta à conversa, e o papo fluiu bem. Quando pedi que ela me concedesse uma entrevista formal, esquivou, e pediu que conversasse com o seu marido, até então um vulto que mexia no celular em um canto do bar.

Essa talvez tenha sido a experiência mais marcante de entrevista que tive ao longo desses anos cobrindo a região amazônica. Roberto tinha o bigode amarelado por conta do cigarro. Começou a conversa me dizendo que não gostava de Bolsonaro, pois este afirmou uma vez que o Brasil precisava de uma guerra civil para morrerem trinta mil pessoas, e Roberto acreditava que era necessário o assassinato de "trezentas mil, ou mais!". Carioca de origem, não especificou a sua profissão, mas deixou subentendido que trabalhava com garimpo ilegal. Tinha uma explicação sólida para a crise na fronteira, identificando-a como um problema originado do socialismo venezuelano e brasileiro.

Ao lhe perguntar sobre os indígenas, apontou de modo grosseiro para sua esposa, e disse: "isso acabou, entendeu? Você olha pra ela, e pensa: obviamente que ela é indígena. Mas isso não existe mais. Eu morei na aldeia, e lá não tem mais índio. Só querem ver TV, ter carro bom e não trabalhar". Sua esposa, pertencente ao povo Taurepang, me pedia desculpas, constrangida, pelo modo virulento de falar do seu marido. Paguei a conta, tentando sair logo do restaurante, quase sem me despedir.

A simpatia que havia sentido na recepção havia se convertido em uma sensação pesada, macabra.

Um dos autores centrais para a compreensão das formas políticas ameríndias é o antropólogo francês Pierre Clastres. Onde antes se via apenas a ausência de normas, regras e Estado, termos definidores da política a partir de um imaginário ocidental, Clastres sublinhou as potencialidades de uma forma de fazer política contrária ao processo de centralização e unificação que define o Estado.

Pouco esperançoso com relação ao que o futuro reservava aos indígenas sul-americanos, distinguiu o conceito de etnocídio daquele de genocídio: o primeiro diria respeito à destruição da cultura, enquanto o segundo do corpo físico. De certo modo, Clastres considera que o etnocida possuía um certo grau de otimismo com relação ao outro diferente, que poderia ser "melhorado", "civilizado" ou "evangelizado", mediante a educação adequada. Já o genocida seria um pessimista com relação à alteridade do outro. Este encarnaria um mal tão absoluto a ponto do único tratamento cabível a ele ser o extermínio. A catequese dos indígenas e o extermínio dos judeus da Europa (da qual a minha família escapou, vindo para o Brasil), seriam as duas formas prototípicas, respectivamente, de etnocídio e genocídio.

Diante da destruição de formas de vida humana e não humana, cujas relações definem cosmologias e corporalidades; diante da destituição de territórios e tentativas de proletarizar indígenas antes autônomos em suas formas de produção e circulação de bens e mercadorias; diante do puro ódio racista contra a diferença, que parece ter deixado de ser vergonhoso e é expresso em alto e bom tom em um Brasil tomado por um delírio neofascista sob o governo de Jair Bolsonaro; me parece que a distinção de Clastres entre genocídio e etnocídio tenha se tornado obsoleta.

Como sublinha o filósofo político camaronês Achille Mbembe, uma das facetas definidoras do capitalismo contemporâneo, senão a sua faceta definidora, consiste em sujeitar a vida em partes do globo em verdadeiros mundos de morte. Matar a alma, matar o corpo, matar a cultura, matar o território, matar os rios e matar as matas.

É contra essa política da morte, contra essa necropolítica das sociedades ocidentais modernas em relação aos povos indígenas, que temos o dever ético de reverberar essas vozes de resistência da Amazônia, com alguma esperança de que essas vozes ressoem, com todos os equívocos envolvidos, em nossa forma genocida e simultaneamente suicida de conceber o mundo.

Vertigem:
por uma escrita do ruído

> Cuando la realidad importa menos que la apariencia, algo indecible se pretende encobrir
> **Sérgio González Rodríguez**

Este ensaio reflete sobre algumas formas de escrita entre não ficção narrativa, relatos jornalísticos e análises políticas. Formas de escrita que, diante do caráter vertiginoso e inebriante de transformações políticas brutais, contextos violentos, ditatoriais ou de guerras, impõem aos seus autores a urgência de uma investigação acerca da escrita, em que os padrões na forma de se relacionar com o mundo já não mais parecem suficientes, demandando deslocamentos dos próprios autores. Escritos que, para dar conta de uma realidade escapadiça, fugaz, incorporam, reflexivamente, o modo como aquele que se dispõe a escrever sobre o mundo nele se insere, para tentar se aproximar de fatos violentos que desarticulam a própria possibilidade de narrar.

De maneiras distintas, esses autores tentam deslocar a própria relação vertical que usualmente separa aquele que escreve das pessoas que compõem o mundo descrito. São formas de escrita que implicam também um questionamento sobre a posição de quem escreve e os comprometimentos éticos que uma escrita em momentos violentos demanda.

Por afinidades pessoais, e relevância para o tema, selecionei adentrar com certa densidade a obra de apenas alguns poucos autores. Entrecruzo, neste texto, a análise desses livros e suas estratégias narrativas com relatos, tanto meus como de pessoas que entrevistei ou simplesmente conversei, acerca das transformações políticas do Brasil entre 2013 e 2018 — ou seja, entre as massivas manifestações de rua de 2013 e a eleição de Jair Bolsonaro. A velocidade dos acontecimentos, a sensação de que somos todos envolvidos em um turbilhão de eventos, a consciência de que nossos referenciais de entendimento da realidade se mostram insuficientes, aproxima o recente contexto da política brasileira com aqueles descritos nas obras de autores como Rodolfo Walsh, Ryszard Kapuscinski e Cristina Rivera Garza, que analiso ao longo do ensaio.

Na noite de 9 de junho de 1956, o escritor argentino Rodolfo Walsh jogava xadrez com amigos, em um café de La Plata, quando é surpreendido pelo barulho do que então imaginava serem fogos de festejos. Walsh e alguns outros que se encontravam no café decidem sair à rua para ver o que estava acontecendo. Conforme se aproximam da praça San Martin, o grupo vai diminuindo em tamanho. Pouco a pouco, entendem que se trata de um assalto ao Comando da Segunda Divisão do Exército e ao departamento de polícia. Walsh se vê só ao cruzar a praça, logo se junta a mais pessoas na confusão de um terminal de ônibus, volta a ficar sozinho e finalmente chega à sua casa, de frente a um dos quartéis alvos do ataque. A cozinha, a cobertura, os dormitórios e os banheiros estão todos ocupados por soldados em busca de posições estratégicas. Escuta uma pessoa morrer a tiros. Durante a madrugada, se inteira pelo rádio que 18 civis foram fuzilados.

Esses eventos mais tarde ficariam conhecidos pelo nome de Revolução de Valle, um fracassado motim peronista coordenado pelo General Juan José Valle contra a ditadura autodenominada Revolução Libertadora, do ditador Pedro Eugenio Aramburu. Naquela madrugada, também quinze militares foram executados, além do próprio General Valle.

Walsh tenta esquecer essa noite e tudo o que viu e ouviu. Tenta ignorar Perón. Tenta ignorar Valle.

"Posso voltar a jogar xadrez?" Se pergunta. "Posso", responde. O escritor gostaria de voltar ao jogo de xadrez, e acredita poder fazê-lo. Voltar "ao xadrez e à literatura fantástica que leio, aos contos policiais que escrevo, ao romance sério que planejo para dentro de alguns anos, e a outras coisas que faço para ganhar a vida e que chamo de jornalismo, ainda que não seja jornalismo". Mas não pode voltar ao xadrez. Nem à literatura fantástica que até então lia. O tom dos contos policiais que escreve serão incorporados à obra de jornalismo narrativo que transformaria a sua vida, investigando os fuzilamentos de civis que aconteceram naquela noite.

Obcecado por esse episódio, seis meses depois, escuta em um café que existe um sobrevivente à execução de civis, que teria ocorrido naquela madrugada entre o dia 9 e 10 de junho, em lixões ao redor de Buenos Aires. Seu nome: Juan Carlos Livraga. A partir deste, descobre a existência de outros tantos sobreviventes, com os quais passa a manter contato. Muitos buscaram abrigo na Bolívia. A grande maioria era de civis, presos antes da entrada em vigor da lei marcial. Apenas cinco foram de fato assassinados. Os demais escaparam. Walsh se vê obrigado a abandonar os planos de escrever o "romance sério" que planejava, e passa a se dedicar a investigar e narrar o que aconteceu naquela noite.

Como resultado, mais de quarenta artigos jornalísticos, um projeto de lei apresentado ao Congresso, e um livro, escrito e reescrito ao longo de mais de uma década, *Operação massacre*, reeditado diversas vezes (1957, 1964, 1969, 1972), conforme aprumava as investigações e uma forma narrativa capaz de desvendar a série de execuções feitas por militares na calada da noite, e que de tudo fizeram para apagar seus vestígios. Levando aos limites a tradição do romance e do jornalismo, a ponto de tornar suas separações borradas, senão sobrepostas, *Operação massacre* é considerada uma das pioneiras do jornalismo literário e do romance de não ficção.

A primeira parte do livro (*As pessoas*) reconstrói o ambiente em que ocorreram os crimes a partir da apresentação da trajetória pessoal daqueles que mais tarde seriam presos e como foram detidos. Walsh estabelece contato com familiares daqueles que foram assassinados, e consegue se aproximar de quase todos os sobreviventes.

Uma das características mais marcantes desse momento é a reprodução do campo de perspectiva que tinham os detidos, a respeito do que lhes poderia acontecer. Para muitos, não era sequer possível conceber que uma detenção arbitrária — alguns nem sequer tinham relação com política, muito menos tomaram parte no motim de Valle — culminaria em uma ordem de fuzilamento. Afinal de contas, "o episódio é confuso, e não existem dois relatos que coincidam". Walsh cria um clima de suspense típico de romances policiais, pois o leitor já sabe o que o destino reserva aos detidos (o fuzilamento), mas reproduz os anseios destes e suas tentativas de compreender o que estava acontecendo.

Na segunda parte (*Os acontecimentos*), o escritor passa à narrativa do que teria acontecido nos lixões em que os detidos seriam executados. De algum modo parece que aos próprios militares lhes custava crer o que estavam prestes a realizar. A repressão às greves, as prisões forçadas e a expansão da tortura passavam a fazer parte da vida política argentina. De certo modo, esse episódio é um ensaio sinistro do que seriam os assassinatos e desaparecimentos sistemáticos de opositores ao governo militar ou mesmo da população civil aleatória, durante a Ditadura Civil-Militar de 1976–1983; a mais sangrenta da história do país.

Custa crer no que tinha acontecido. A cena recontada por Walsh é cinematográfica. O suspense criado ao longo das páginas, e a arbitrariedade da situação, faz emergir uma relação de identificação humana com os detidos que, quando percebem que serão assassinados, passam a ser guiados por seus instintos de sobrevivência mais elementares. Uns correm, outros se fingem de mortos. O caso mais estarrecedor é o de Livraga, que sobrevive após levar um tiro na cara, sem ter afetado nenhum de seus órgãos, e é mantido preso pela ditadura sem tratamento hospitalar adequado, com os olhos vendados, até lhe apodrecerem as vendas, que se desfazem por sobre seu rosto destroçado.

Por fim, a última parte (*A evidência*), é de tom inquisitivo. O autor dá espaço maior às suas próprias opiniões sobre a farsa do processo judicial, e de todos os militares implicados. Para Walsh, a justificativa para escolher acompanhar esse caso específico enquanto os executores e mandantes ainda estavam no poder, era permitir-lhe um ponto de vista crítico ao governo. No caso desse fuzilamento, o governo argentino não tinha como se defender, pois eram civis, presos antes da entrada em vigor da lei marcial e executados sem julgamento. Diferente de outros casos, em que o governo de Aramburu alegava tratar-se de militares subversivos. Walsh acreditava que a arbitrariedade do fuzilamento era tão evidente que mostrava de maneira patente a injustificável face violenta do governo.

Pese todas as evidências, e o manifesto descumprimento do princípio de legalidade, a Suprema Corte de Justiça Argentina decide, por unanimidade, pela absolvição dos acusados. Durante doze anos, Walsh parece obstinado. Insiste em refazer a pergunta para cinco governos sucessivos. Deles, recebe apenas o silêncio. "A classe que esses governos representam se solidariza com aquele assassinato, o aceita como feito seu e não o castiga simplesmente porque não está disposta a castigar-se a si mesma". Uma sensação de que nada pode ser feito, diante de uma justiça que já tem lado definido. Uma justiça que, ao legitimar os assassinatos do passado, abre caminho para a violência generalizada que viria.

A Walsh, não lhe resta nada, senão acusar. Escrever. E o faz, literalmente, até o fim de sua vida. No dia 24 de março de 1977 envia a *Carta aberta de um escritor à junta militar*, para jornais argentinos e estrangeiros. Na ocasião do aniversário de um ano do governo militar, denunciava a violência, os desaparecimentos, a tortura, as execuções, o empobrecimento da população, a situação calamitosa em que se encontrava a economia. Uma carta dura, que retrata um governo que funciona com base no terror.

No dia seguinte, é sequestrado por um "grupo de tarefas", passando a integrar, desde então, a lista de pessoas desaparecidas.

Momentos políticos de incerteza, em que a realidade parece escapar por entre palavras que tentam, em vão, fixá-la. Momentos da história em que a velocidade e a incerteza dos acontecimentos geram uma atmosfera entorpecente, tornando a nossa relação com o mundo, e a capacidade de entendimento do

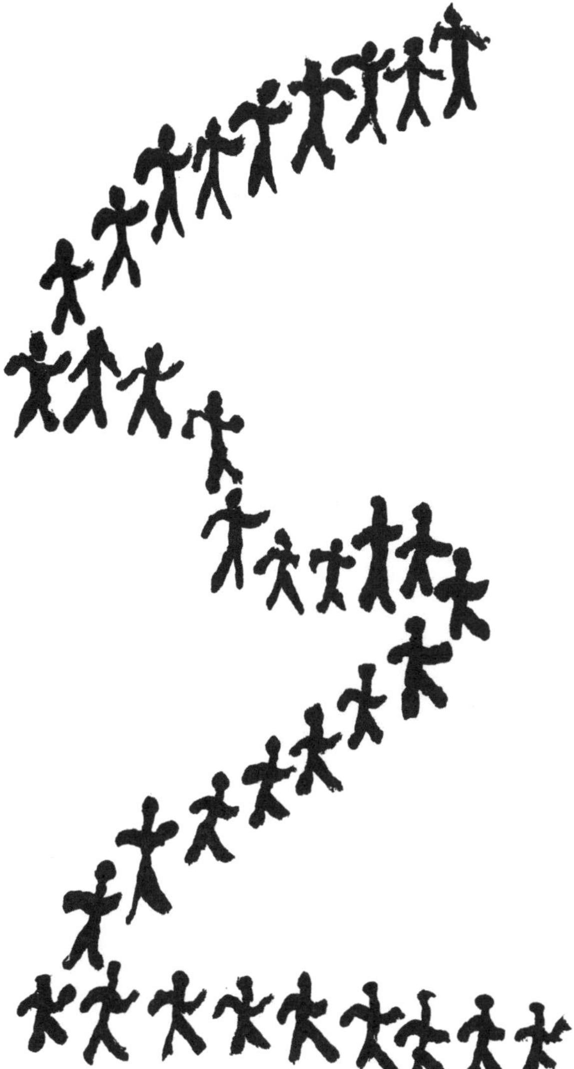

que nele ocorre, opaca. De maneiras e graus distintos, torna-se comum a sensação de não entender a concatenação dos eventos, de não ser possível atribuir sentido ao que acontece, de perda de referencial.

Em ditaduras, golpes de estado e guerras, nos quais a imposição de uma ordem política depende do uso da violência, a matéria-bruta a partir da qual os escritores se debruçam na composição de narrativas e interpretações acerca do que ocorre, tem de se haver tanto com falas expressas e pronunciamentos oficiais que nada dizem, como com os silêncios e curtos-circuitos nas informações. Do ponto de vista dos regimes de exceção, fazer perder a referência da política é uma estratégia eficaz. Embora seja mais evidente em situações extremas, esse mecanismo de poder funciona também em processos políticos que envolvem intensas transformações em um curto período de tempo.

Um sem número de autores se coloca como tarefa repensar a escrita enquanto forma de restabelecer um ato comunicacional que a violência pretende romper. Ou seja, estabelecer uma relação de comunicação ao mesmo tempo analítica, crítica e sensível.

Comum aos autores e às autoras mencionadas neste ensaio existe uma aposta na narração. Em meio ao torpor gerado por acontecimentos demasiado velozes, a retomada da narração, da contação de histórias (aquilo que em inglês recebe o nome forte de *storytelling*) emerge como uma forma de apuração da sensibilidade. Uma sensibilidade destroçada pelo excesso de violência ou por narrativas contraditórias se sobrepõem umas às outras em disputa pela definição do palpável. Essas obras, híbridos de literatura e relatos de não ficção, buscam a potência de uma narrativa soterrada a partir de pequenas falas, de ruídos, das histórias de sobreviventes. Vão aonde o jornalismo cotidiano não consegue ir e apresentam mundos que até na ficção parecem improváveis.

Este ensaio não deixa de ser a forma pela qual eu sistematizo uma série de referências que tento, de algum modo, também fazer minhas. Não pretendo escrever por todos, mas a partir de uma experiência pessoal, em nada representativa, bem sei, da realidade do país. A geração a que pertenço no Brasil, daqueles nascidos no final do século xx, está marcada por um processo político de transformações inesperadas. Uma geração que cresceu com a ficção de que era possível lutar pela efetivação e expansão da ideia de democracia. Não foi senão esse sentimento que levou alguns de nós às ruas em junho de 2013. Não fazia sequer dois anos eu havia terminado o curso de Ciências Sociais na Universidade de São Paulo, e não raro encontrava colegas de sala e amigos nos atos. "Copa eu abro mão. Quero emprego, saúde e educação!". "Quem não pula quer tarifa". "Não acabou, tem que acabar, eu quero o fim da polícia militar". "Nãoooo! Sãooooo! Só vinte centavoooos". Eram essas as frases que gritávamos, era esse o clima dos primeiros protestos. Sempre terminados com a repressão da polícia.

Havia, é certo, uma descrença na política. Na política oficial, nos discursos, em uma democracia que havia feito muito, mas ainda parecia muito pouco: a expansão do ensino superior de qualidade, ocorrida sob os governos do PT, ainda deixava a desejar; a polícia seguia (e segue) matando a população negra nas periferias das cidades brasileiras; o sistema público de saúde nem de perto correspondia às reais necessidades do país; a política ambiental era uma catástrofe; a roubalheira se revelava como uma faceta constitutiva do sistema político.

Havia uma proposta clara, chamada pelo Movimento Passe Livre (MPL), de barrar o aumento da tarifa dos transportes em São Paulo, que então subiria de R$3,00 a R$3,20. E uma pauta mais ampla: a gratuidade do transporte público. Se o transporte é um direito constitucional, alegava o MPL, ele precisa ser gratuito para esse direito ser efetivo. Isso, para os militantes, não só seria viável, como também implicaria economia para os cofres públicos, levando-se em conta os enormes gastos existentes para subsidiar meia passagens e integrações entre ônibus ou entre ônibus e metrô — dinheiro que sai das prefeituras direto para os bolsos dos donos das companhias de ônibus. Neste sentido, as respostas que inicialmente as ruas deram à insatisfação política foi na direção de uma radicalização democrática.

Um dos recursos estilísticos mais bonitos de Marcel Proust, nos sete volumes de *Em busca do tempo perdido*, é a relação entre presença e ausência. Reminiscências que aparecem na clássica passagem em que Marcel morde a madeleine, típico bolinho francês de sobremesa, e se recorda da sua infância em Combray. Mas também na sensação de caminhar sobre um asfalto desnivelado, no ruído dos trilhos de trem, no tilintar dos copos dos salões de jantar. As engrenagens da memória, para Proust, tornam impossível aceder integralmente a uma imagem, seja ela do passado ou a imagem de outra pessoa. Tudo se passa como se a imagem de algo, de alguém ou de algum momento somente nos fosse acessível a partir de pequenas partículas de evaporação, infinitesimais gotículas de água que permitem que o "eu" possa estabelecer um contato sempre fragmentado e indireto com algo.

Uma dessas gotículas que me chegam de 2013 foi o ocorrido na Praça Roosevelt, no centro de São Paulo. Lembro-me que era uma quinta-feira — mas não estou certo se era o terceiro ou o quinto grande ato contra o aumento da tarifa convocado pelo MPL. Fomos cercados pela polícia por todos os lados da praça. A cavalaria fechava a entrada para a rua da

Consolação. Bombas de gás lacrimogêneo e efeito moral foram jogadas contra nós: manifestantes desarmados, a maior parte jovens estudantes, muitos de chinelos e mochila nas costas, que não ofereciam nenhum perigo a policiais fortemente armados e fisicamente muito mais robustos. Estava prestes a desmaiar, sem ar, entontecido e atordoado, quando alguém me puxou para dentro de um dos bares da praça, e fechou as portas de correr, dessas metálicas comuns em bares e comércio populares.

Não sabíamos exatamente o que estava acontecendo. Nos outros atos também fomos dispersados com bombas e agressões, mas nada se comparava ao que vivenciávamos nesse dia. Na saída, quando finalmente terminaram as bombas, víamos pela televisão de um bar que a polícia continuava perseguindo e agredindo manifestantes. A televisão era o único modo que nos permitia entender o que estava acontecendo com o ato do qual até então fazíamos parte. Nos botecos, a sensação entre os seus frequentadores era de horror diante das imagens da polícia perseguindo e batendo em jovens. Alguns manifestantes foram perseguidos até outros bairros, como o Pacaembu. Sérgio, fotojornalista, perdeu um olho, decorrente de uma bala de borracha atirada pela polícia em sua direção. Jornalistas também foram agredidos.

Lembro de chegar em casa e escrever um texto, em que exasperava contra a ação da polícia, de maneira que hoje percebo marcada por uma inocência adolescente — havia recém completado 24 anos, no final de maio. Se o objetivo era dispersar a manifestação, por que fecharam todas as saídas e jogaram bombas de gás sem parar, para dentro da praça, impedindo a nossa saída?

Em *O Xá dos Xás*, o jornalista polonês Ryszard Kapuscinski narra a tomada de poder no Irã pelos religiosos islâmicos liderados por Aiatolá Khomeini. A narrativa sobre os acontecimentos que culminaram na Revolução Iraniana de 1979 se inicia com um retrato minucioso do último dos Xás da Pérsia: Xá Reza Pahlevi, um príncipe herdeiro que havia estudado na Suíça e vivia em Roma como um *bon vivant*, capa de revistas de moda e viajando por todo o mundo. Ele retorna à Pérsia para dirigir o país após seu pai perder o trono para uma ditadura que se iniciara com a repressão política aos comunistas. O Xá então estabelece um duro regime repressivo.

A obra é uma verdadeira crônica sobre as violências e contradições que marcaram os projetos desenvolvimentistas dos países ditos "em desenvolvimento" no século xx. Xá Reza Pahlevi pretende fazer do Irã a quinta potência mundial. Ninguém sabe ao certo como isso seria feito, a não ser gastando-se livremente o dinheiro proveniente do petróleo, que tornam o Xá um comprador internacional de alto cacife, recebido por presidentes de países e diretores de empresas mundo afora.

Mas como narrar aquilo que ninguém poderia então imaginar? Em meio a revoluções comunistas e golpes militares ao redor do mundo, uma revolução coordenada por religiosos torna-se bem sucedida, em um ambiente político de altíssima repressão, em que o terror era a base do governo, amedrontando e imobilizando as pessoas a tal ponto que não se podia falar sobre a situação política. É o olhar rasteiro, de perto, acompanhando a maneira como iranianos viviam o dia a dia da repressão, que permite a Kapuscinski traçar uma análise detalhada das tensões que levaram ao sucesso da revolução. Prefere, por exemplo, passar horas numa casa de chá, conversando com os iranianos sobre as notícias da TV e as repercussões dos discursos de Xá Reza Pahlevi e Aiatolá Khomeini, a ir entrevistar os próprios protagonistas — como faziam outros jornalistas estrangeiros.

Para acompanhar os protestos, muitos dos quais culminavam no frio assassinato dos manifestantes, o termômetro de Kapuscinski era um vendedor de especiarias armênio: quando aconteceria algo digno de importância, este não montava sua barraca na rua, com receio da violência, e significava que Kapuscinski tinha que se inteirar do que aconteceria. Quando o vendedor montava tranquilamente a sua barraca na calçada, Kapuscinski podia ir para o hotel rever suas notas, ou passar horas em casas de chás acompanhando conversas.

A engenharia política que permitiria o desenvolvimento sonhado pelo governo do Xá levava o nome de Revolução Branca. Um programa de seis pontos clamando pela reforma agrária, nacionalização das florestas, privatização de empresas públicas e uma intensa campanha pela erradicação do analfabetismo. Mas com o Xá, tudo o que era declarado parecia virar do avesso quando implementado. A reforma agrária retira terras comunais de antigos detentores e as passa para membros do governo, generais, e famílias aliadas ao mandatário.

O Xá importava tecnologia e investia na formação de intelectuais e profissionais iranianos, e por outro lado contratava noruegueses, alemães e britânicos que vinham trabalhar no Irã com salários exorbitantes e todos os tipos de luxo. Dessa forma, mantinha a elite intelectual fora do país, para ali permanecer, com bolsas de estudo e tudo pago. O Xá satisfazia assim os setores da classe rica, que então se tornava ultrarica, absorvendo todos os petro-dólares do país, e ao mesmo tempo impedia que intelectuais ou profissionais liberais iranianos formados no exterior voltassem para questionar seu poder.

Kapuscinski faz um mergulho na vida dos iranianos para explicar o sucesso da revolução religiosa, enfocando na capacidade de comunicação que tinham os mulás, que souberam mobilizar sentimentos populares contra as tendências ocidentalizantes da Revolução Branca de Xá Reza Pahlevi. Enquanto a população passava fome e tinha medo, a repressão da polícia secreta crescia e o estabelecimento de uma classe ultrarica criou a sensação de que o Xá não era um persa, uma sensação de que o governo do Xá era um governo de fora.

Correspondente da PAP (*Agência de Notícias Polonesa*), Kapuscinski foi durante décadas o único repórter da agência para o que então se chamava de terceiro mundo: Ásia, África e América Latina (além de ter também realizado a cobertura do fim da União Soviética). Viveu e relatou cerca de 27 momentos políticos turbulentos, como golpes de Estado e revoluções. Foi ameaçado de morte ou preso cerca de 40 vezes, tendo sido inclusive condenado a fuzilamento no Congo Belga.

O primeiro capítulo de *Ébano: minha vida na África* leva o título de *O choque inicial – Gana, 1958* e contém alguns dos principais temas que compõem a narrativa do livro: um tom impressionista sobre seu contato pela primeira vez com o continente africano; uma descrição sobre a situação política em efervescência diante da recém-conquistada independência por meio do olhar e entusiasmo de pessoas simples; a análise minuciosa de figuras de poder extravagantes, mas sempre abordadas por seu lado humano, seus vícios, seus medos e, principalmente, sobre como são percebidas pela população. Também está presente na escrita de Kapuscinski uma livre reflexão sobre os diferentes hábitos culturais, quando comparados à sua experiência polonesa. Uma outra forma de se relacionar com o tempo, a lógica volátil das cidades, os modos de se saudar, com longas conversas sobre familiares; traços que de algum modo lhe ajudavam a entender as transformações políticas que viera retratar.

Ryszard Kapuscinski chega à Acra, capital de Gana, pouco tempo após a independência do país, a primeira nação africana a se tornar independente do colonialismo europeu. O clima de entusiasmo era visível: "Acra, de imediato, se transformou no centro provisório e informal de todos os movimentos, ideias e ações para todo o continente. Havia em Acra gente de todas as partes da África, em permanente estado febril de liberdade. Era também visitada por jornalistas do mundo todo".

Com um baixo orçamento para realizar a cobertura de momentos políticos decisivos na história de países praticamente desconhecidos para o leitor polonês, e sendo obrigado a enviar o conteúdo acerca de transformações políticas complexas de maneira taquigráfica para Varsóvia, Kapuscinski criou a sua própria forma de se relacionar com esse outro mundo em convulsão. Logo na nota introdutória, o autor conta que "gostava de viajar de carona em caminhões, peregrinar com os nômades pelo deserto, me hospedar com os camponeses das savanas tropicais".

O livro percorre a história das independências dos países africanos ao longo dos anos e as lutas anticoloniais das quais Kapuscinski é, visivelmente, um entusiasta. De maneira sutil, pode-se acompanhar a mudança no tom narrativo em uma espécie de desamparo. Da efusão com as independências e revoluções à apreensão soturna diante de golpes de Estado e massacres.

Diferente de jornalistas franceses, britânicos e norte-americanos, que se hospedavam em hotéis de luxo em suas viagens, circulavam majoritariamente entre políticos e diplomatas, e podiam comprar um carro para atravessar um país de um lado a outro para apurar eventos que pipocavam nos cantos mais remotos, Kapuscinski alugava quartos em bairros operários. Uma de suas principais estratégias era sentar-se nos bares durante horas, ouvindo o que as pessoas conversavam, enquanto tomavam cerveja quente de banana. Desenvolve uma escrita apta a captar as transformações de sociedades em intensa ebulição política, e de fluxo incontido: revoluções populares, assassinatos de líderes, golpes de estados entre grupos rivais, aos quais se seguem outros golpes, outras revoluções, outros assassinatos.

Um dos traços marcantes para quem o lê está na arte da descrição de fisionomias políticas, perfis de personalidades eminentes como Patrice Lumumba, Idi Amin Dada, Hailé Selassié I, Xá Reza Pahlevi, entre outros ditadores e revolucionários.

A análise da ditadura de Uganda, um governo que funciona pelo medo, é recriada a partir da figura do próprio ditador Idi Amin Dadá. "Já pensei em escrever um livro sobre Amin, pois ele é o mais vivo exemplo da relação que há entre criminalidade e cultura. Estive em Uganda muitas vezes e vi Amin mais de uma vez". E continua, algumas páginas mais adiante: "Uganda começou a se transformar em uma sangrenta e trágica peça teatral de um ator só — Amin. Um mês após o golpe, Amin se autodenominou Presidente, depois Marechal, depois Marechal-de-Campo e, finalmente, Marechal-de-Campo Vitalício. Pendurava cada vez mais medalhas e condecorações no peito, mas gostava também de se vestir com o uniforme de campanha, para que as tropas pudessem dizer: 'ele é um de nós'. Deslocava-se em diferentes veículos, de acordo com a ocasião: usava terno para ir a uma recepção, escolhia um Mercedes preto; em uniforme de gala para um passeio, uma Maseratti vermelha; e, quando em uniforme de campanha, poderia ser visto num Range-Rover que parecia saído de um filme de ficção científica, tantas eram as antenas, fios, cabos e refletores que dele emergiam. No interior dos carros levava granadas, pistolas e facas, pois temia atentados. Sobreviveu a vários, nos quais acabavam morrendo todos os ajudantes-de-ordens e os seguranças que o cercavam".

Já em *O imperador*, Kapuscinski recria os bastidores do palácio do imperador etíope Hailé Selassié I a partir das histórias que lhes contavam seus ex-súditos. "Devo mencionar ainda que nas audiências o digníssimo monarca falava muito baixo, movendo pouco os lábios. O Ministro da Pena, postado junto ao trono, era forçado a inclinar o ouvido para perto dos lábios imperiais, a fim de poder ouvir e anotar as decisões. Para piorar as coisas, as palavras do imperador eram, na maioria das vezes, confusas e ambíguas, principalmente quando ele não desejava tomar partido em alguma situação. Essa habilidade do monarca era admirável. Quando um dignitário lhe perguntava qual era a sua decisão, ele não respondia diretamente, murmurava algo baixinho que só podia ser captado pelo Ministro da Pena, cujo ouvido, tal qual um microfone, mantinha-se próximo da boca dele, enquanto o Ministro, escrupulosamente, ia anotando os murmúrios do líder. O resto não passava de interpretação, e isso competia ao Ministro, que dava à decisão uma forma escrita e a retransmitia aos escalões inferiores. Aquele que dirigia o Ministério da Pena gozava da total confiança do imperador e detinha um poder considerável".

Caso a decisão difícil a ser tomada surtisse efeito positivo, Hailé Selassié I atribuía a si os méritos, devido a sua infalibilidade divina. Caso fosse desastrosa, a culpa era imediatamente dirigida ao Ministro da Pena, responsabilizado pelo erro, já que o imperador não comete erros.

Seus livros não deixam de ressoar os relatos de viagem e aventura de europeus na África. Algumas vezes, incorre em impressionismos exoticizantes, diante da selva, do deserto, dos animais e da pobreza. Mas o que mais me marca em sua obra é o olhar aguçado para as transformações políticas vivenciadas junto àqueles que geralmente são ignorados como ruidosos, sem grande importância.

É esse ponto de vista, a construção desse lugar a partir do qual falar, não sem contradições, que permite formulações que extrapolam os contextos em que foram produzidas. Como no final de *O Xá dos Xá*, sobre o caráter específico e disruptivo do que significa uma revolução. "Uma revolução é diferente de uma revolta, de um golpe militar e de um golpe palaciano. Os golpes podem ser planejados; uma revolução, jamais. Sua eclosão, o momento exato em que ela explode, pega a todos de surpresa — inclusive os que tanto a almejavam e que mal conseguem absorver o impacto do cataclismo surgido repentinamente — aniquilando tudo à sua volta. Sua força é tão assoladora e de tal magnitude que, no final, poderá acabar com os próprios lemas que a desencadearam".

No início de setembro de 2018, passei algumas longas horas espremido em um barco que faz o trajeto entre as cidades Manacapuru e Anamã, ambas às margens do Rio Solimões, no estado do Amazonas. Viajei com o fotógrafo Alberto César Araújo para cobrir a situação de cheias em Anamã, que duram mais ou menos três meses e obrigam a população a se locomover apenas de barco e elevarem suas casas, transformando toda a arquitetura local. Ao chegarmos nesta cidade de cerca de dez mil habitantes no coração da Amazônia, o dono da pequena pousada em que nos hospedamos nos contou que o então candidato à Presidência da República Jair Bolsonaro havia sofrido um atentado à faca, mas que já se encontrava fora de risco de vida.

A sensação de que em apenas algumas horas sem comunicação, atravessando a Amazônia em um de seus imensos rios a bordo de uma pequena embarcação, todo o rumo da corrida eleitoral se transformava era assoladora. Um dos assessores do prefeito de Anamã falava em voz alta enquanto caminhávamos por um bairro da zona rural da cidade: "mataram o meu presidente". Uma prima sua, moradora deste bairro afastado, então respondeu: "aquele projeto de ditador é seu presidente?". Pequenas conversas como essas deixaram uma sensação de que o debate em Anamã, no ponto de encontro dos rios Purus e Solimões, não difere muito dos termos do debate de uma metrópole como São Paulo. Famílias pareciam rachadas, e políticos locais se compadeciam da situação do então candidato, condenando o ataque, na esperança de relacionar suas imagens com a de Bolsonaro.

No Brasil de 2018, a sensação que tinha não poderia ser mais distante daquela de apenas cinco anos antes, em junho de 2013. A costumeira frase com função fática com a qual costumamos iniciar uma conversa em português ("oi, tudo bem?"), passou a me gerar desconforto. Diante da criação de um bloco de extrema direita, com forte teor autoritário em diversas esferas da vida política nacional, nada está muito bem. Pelo menos para mim, e muitas pessoas que compartilham dessa mesma visão, não está tudo bem aprovar torturadores, falar contra direitos de minorias, ridicularizar demandas feministas e LGBTQIS, nem mesmo ponderar o que foi a Ditadura Civil-Militar.

Como explicar que um candidato totalmente despreparado, com um discurso explicitamente violento, recebia o apoio de um grande número de pessoas

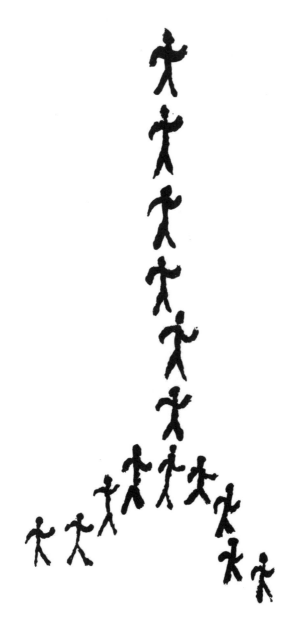

que até pouco tempo atrás tinham a sua preferência de votos entre a centro-esquerda e a centro-direita? Entender que pessoas próximas, a quem temos carinho, puderam assumir a sua preferência por um candidato autoritário foi, para muitos, o momento em que de maneira mais clara se mostrou a fusão entre a tensão política e subjetiva. Uma senhora que entrevistei em uma feira de rua no centro de São Paulo me confessou que, para ela, o que estávamos vivendo em 2018 era muito pior do que na ditadura. Naquela época, dizia ela, ninguém queria aquilo. As pessoas tinham vergonha de falar que apoiavam os militares.

A insatisfação com o sistema político institucional é hoje a pauta de grupos que defendem o militarismo, falam e agem conta minorias, promovem a ideia de que "bandido bom é bandido morto", posicionam-se contra direiros sexuais e debates de gênero, promovem, e muitos auferem lucro, do desmatamento da Amazônia, entre outras formulações assassinas.

Da rua como palco de manifestações para a radicalização da democracia e expansão de direitos às minorias à rua como local onde uma nova forma de autoritarismo emerge, muita coisa aconteceu. A extrema direita soube captar a insatisfação existente com um sistema político ineficaz, custoso, e do qual os três principais partidos (PT, PSDB e PMDB) se mostraram imiscuídos à corrupção.

O que aconteceu de 2013 para cá? Existem inúmeras respostas possíveis. A minha volta para aquela quinta-feira em 2013, em que vi na televisão dos bares do centro de São Paulo a repressão policial que estávamos recebendo durante o ato convocado pelo MPL. Para ser mais preciso, minha resposta passa pela reação de horror que tinham as pessoas, ao se deparar com uma face violenta da Polícia Militar na televisão. Uma face violenta que para muitos é cotidiana, como para corpos marcados de pessoas negras e periféricas.

Prontamente, e com razão, surgiu uma corrente questionando o estardalhaço com relação à repressão do ato: "na periferia as balas não são de borracha". Se tal frase é verdadeira, e não restam dúvidas que seja, também me parece real que a repressão policial gerou um desconforto generalizado. Mesmo os veículos da grande mídia, que até então nos acusavam de baderneiros, e de certa forma incitavam ódio contra pautas do Passe Livre, se viram obrigados a recuar. É nesse momento, acredito, que começa uma contranarrativa acerca do que foi junho de 2013, e que de contranarrativa passou a se tornar uma narrativa oficial e hegemônica, ao canalizar o amplo descontentamento com a política oficial.

No protesto seguinte, no Largo da Batata, o clima era outro. O vermelho que antes predominava foi substituído pelo verde-amarelo, para não mais deixar as ruas. No lugar dos gritos contra a militarização da polícia, o hino nacional. O ato estava gigantesco, e havia parado a cidade. Em algum momento me perdi da minha namorada da época, Luiza Sigulem, fotojornalista e psicanalista. Dias antes, ela havia sido detida, enquanto filmava alguém sendo detido por ter filmado alguém sendo detido. Estava preocupado, e mal conseguíamos nos comunicar. Mas o clima era definitivamente outro daquele das agressões policiais. Não havia uma sensação de perigo iminente, de que policiais poderiam jogar bombas a qualquer momento para "dispersar" o ato, ou nos confinar em praças sem saídas jogando gás lacrimogêneo à vontade. Famílias inteiras vinham, em "solidariedade" aos que havíamos sido agredidos pela polícia, manifestar-se sabe-se lá pelo quê. A pauta específica pelo não aumento da tarifa havia se perdido. Os gritos por saúde e educação também. O Movimento Passe Livre estava diluído. O ato era tão grande que eu ainda estava no Largo da Batata, quando finalmente consegui falar com a Luiza, descobri que ela já estava na avenida Berrini, alguns quilômetros adiante.

Pouco tempo depois, o então prefeito de São Paulo, Fernando Haddad (PT), decide suspender o aumento da tarifa. A prefeitura passaria a subsidiar o valor para não deixar o custo recair sobre os passageiros.

O ato seguinte, puxado pelo MPL na avenida Paulista, foi o momento disruptivo. O clima não poderia ser mais estranho. Tendo sido descartado o aumento da tarifa, era a hora de reivindicar o Passe Livre. Foi a primeira vez que vi o prédio da FIESP com as cores de verde e amarelo. Grupos de direita, algo para mim inédito nas ruas, compareceram a uma manifestação de esquerda, e queimaram bandeiras do PSTU, gritando frases contra partidos. Os confrontos com a polícia voltaram a ser habituais durante os atos. Com amigos, comentávamos, em tom jocoso, que já estávamos ficando viciados no gás lacrimogêneo.

A sensação que compartilhava com pessoas que estavam nas ruas desde os primeiros atos era de que voltávamos a ser taxados de baderneiros, que querem apenas atrapalhar o trânsito da cidade, afinal de contas, o aumento da tarifa havia sido barrado. Vejo nesse momento a virada, o começo do clima que levaria ao golpe branco chamado de impeachment, que retirou Dilma Rousseff do poder, e o ambiente que permitiu a eleição de Jair Bolsonaro à presidência da República. A tampa do ralo estava aberta. Dela, passou a sair um tipo de truculência autoritária que, pelo menos com essa visibilidade, acreditávamos fazer parte de nosso passado.

2013 não foi uma revolução. Foi uma revolta popular de ampla escala e que mobilizou todo o país. Como revolta, traz alguns traços do que Kapuscinski afirma acerca do caráter disruptivo da revolução, ao analisar a queda do último dos Xás do Irã mencionada acima. Também nas revoltas, o momento de perda do controle, de suspeição da ordem, parece ser capaz de gerar resultados para além daqueles que haviam sido inicialmente imaginados pelos revoltosos.

"O que nós mexicanos do início desse século temos sido obrigados a ver — nas ruas, nas pontes para pedestres, na televisão ou nos jornais — é, sem dúvida, um dos espetáculos mais arrepiantes do horrorismo contemporâneo", pontua a escritora mexicana Cristina Rivera Garza. Por horrorismo, a autora entende uma forma política de governar vidas, em que a visibilidade da violência, com corpos dilacerados, desmembrados, mutilados, decapitados, queimados, expostos e desaparecidos, cria uma total impossibilidade de fala, incapacidade de articular um sentido diante do que ocorre. O horror como o espetáculo máximo do poder depende não apenas de corpos, mas de um silenciamento. O espetáculo do corpo desentranhado conjuga uma forma correlata de fala: ferida, gaga, balbuciante; aquilo que Rivera Garza identifica como a linguagem da dor.

Essas reflexões encontram-se na abertura da obra de Cristina Rivera Garza *Dolerse: textos desde un país herido* (*Doer-se: textos desde um país ferido*, em português), que se refere ao contexto de guerra às drogas que assola o México no início do século XXI. Iniciada pelo governo de Felipe Calderón, a guerra às drogas é simultânea ao processo de desmanche da lógica de proteção de um Estado Social de Direito em nome de reformas neoliberais que entendem o Estado sobretudo como um ente de gestão capaz de garantir as possibilidades de competição entre agentes econômicos.

Difícil mensurar o número de assassinatos, diante da quantidade de desaparecidos e valas coletivas ilegais. Entretanto, os números oficiais dão uma dimensão. Em 2007, o México registrou cerca de oito mil assassinatos em seu país. Em 2018, contabilizam-se mais de 150.000 vidas perdidas desde então, com uma média anual que passou para vinte mil assassinatos, e chegou ao seu recorde negativo em 2017, com 29.168 assassinatos. Uma forma de violência que se faz sentir no país como um todo, nas histórias que passam a ser contadas, nas formas de se proteger, caminhar na rua, deixar de estar em espaços públicos, bares, restaurantes. No recolher-se. Uma guerra que ninguém pediu, e ninguém aprova, afirma Rivera Garza.

Se é certo que "o medo isola. O medo nos ensina a desconfiar. O medo nos torna loucos. Com as mãos dentro dos bolsos, a cabeça baixa, aquele que tem medo se transforma na ferramenta por excelência do status quo", então por que escrever? O que é possível escrever — e para que escrever? — diante de uma realidade paralisante, em que qualquer forma de se relacionar com o outro é mediada pelo sentimento de incapacidade de ação, de entendimento, de relacionar-se? Como referir-se à uma violência que adquire formas inauditas de expressão e normalidade, e cujo objetivo é exatamente minar formas de comunicação?

Rivera Garza explora a possibilidade da fala diante do horror, a partir de um híbrido entre ensaios políticos-literários, artigos e poemas. Para isso, afasta-se tanto de uma postura sociologizante de análise das formas de dominação e violência quanto daquilo que Susan Sontag identifica como um *voyeurismo* frente à dor alheia. Doer-se implica conjugar o verbo em sua forma reflexiva e a busca por outra forma de comunicação. "O único certo é que, logo após a paralisia do meu primeiro contato com o horror, opto pela palavra. Quero, sim, doer-me. Quero pensar com a dor".

Se por um lado a dor silencia e paralisa, argumenta Rivera Garza, por outro satura a prática humana, liberando-a, produzindo vozes que nos convidam a entrever uma realidade outra. Nessa busca por uma escrita capaz de fazer frente a formas de violência que querem calar, Rivera Garza propõe explorar uma narrativa a partir do ponto de vista do corpo doído. Explorar a dor é falar de corpos. A dor cria uma realidade, que cabe à escrita emular. Um corpo dolorido que fala ao seu modo, de maneira entrecortada, pausada e nos silêncios.

A escritora conta a história de diversas pessoas que viveram uma violência extrema diante da perda de entes queridos. Essas histórias pessoais lhe servem de mote para essa reflexão ético-política sobre a escrita. Frases aparentemente simples, como as de Luz María Dávila, mãe de Marcos e José Luis Piña Dávila, de 19 e 17 anos de idade, refletem um estado de dor diante da violência tanto pelo que dizem, quando pelo que silenciam.

> Desculpe-me, Senhor Presidente,
> mas não lhe dou
> a mão
> o senhor não é meu amigo. Eu
> não lhe posso dar as boas vindas
> o Senhor não é bem-vindo.
> ninguém o é.

A história de Luz María retorna diversas vezes ao longo do livro. Moradora de um bairro de classe média de Ciudad Juarez, seus filhos foram assassinados por militares mexicanos "por engano", enquanto brincavam numa casa não longe da sua.

Rivera Garza aborda mais este caso de violência em um poema documental, repleto de comentários e incorporando silêncios em queixas que poderíamos entender como corriqueiras. Onde poderíamos não ler nada, a autora nos faz ver o que existe de resistência, de dor, de luto que se entrevê nessas falas.

Em outro momento, mais adiante, a própria autora decide empreender uma viagem para conhecer Luz María. Rivera Garza se apresenta como uma escritora que quer conhecê-la, não como os jornalistas, que insistem em bater à sua porta. "Não sou jornalista, lembro que lhe repeti como que pedindo desculpas quando ela tirou as fotografias de seus meninos e as colocou sobre a mesa e eu não pude fazer nada além de debulhar-me em lágrimas. Poderia ser meu filho, lembro ter pensado. São os rostos de tantas crianças e adolescentes e jovens com os quais me encontro diariamente nas ruas, nas salas de aula. Que a dor de Luz María Dávila ainda exista para me consolar, oferecendo-me um guardanapo e seu olhar aberto e sua mão, essa mesma mão que não quis e não pôde oferecer ao presidente, me obriga a me recompor. Recordo a minha vergonha. Recordo como voltei a respirar".

A obra também adentra a situação dos feminicídios no México. Sua interpretação passa por uma crítica aos padrões de masculinidade reificados pelo narcotráfico e constitutivos da imagem do narcotraficante. Escreve uma história das violências no México contemporâneo a partir do ponto de vista das mulheres, que as fábricas em Ciudad Juarez, os assassinatos em série e o narcotráfico tentam transformar em uma mercadoria, como tantas outras.

A sua aposta na escrita é uma aposta na forma de criar uma relação, de fazer comunidade. Uma situação de guerra demanda uma forma de conjugação verbal inédita: "cuideseme mucho" ("cuide-se-me muito") uma forma de implicar duas pessoas, conjugar o verbo "cuidar" simultaneamente na terceira e na primeira pessoa do singular. Escrever como modo de fazer comunidade, contrária aos apartamentos impostos pelas formas de violência.

O problema, entretanto, pode residir no fato de que a violência que para uns é desprovida de sentido, para outros, para aqueles que a perpetram, é justamente o modo de atribuir sentido a um mundo estruturado pela violência.

Um dos traços da cisão que tem marcado disputas políticas ao redor do mundo nas primeiras décadas do século XXI é a irredutibilidade entre posições antagônicas. A opinião do outro é reduzida a uma pura caricatura do mal — e não existe diálogo ou debate possível com alguém que encarna o mal. Na sua expressão cotidiana, imputar xingamentos como "burro" e "idiota" à posição contrária não tem nenhum efeito para além de acirrar a própria divisão e impossibilitar qualquer tipo de troca, ou mesmo de relação. Tem uma função análoga à da violência física, nesse sentido. No caso da disputa eleitoral brasileira, a divisão era tão patente que os grupos políticos opositores pareciam se definir mais pela aversão ao candidato alheio do que pelas qualidades e propostas de seus próprios candidatos.

No primeiro domingo das eleições de 2018, que garantiram um segundo turno entre Jair Bolsonaro e Fernando Haddad, decidi não acompanhar a apuração fechado em casa. Saí, com mais dois amigos, para rodar o centro da cidade de São Paulo, parando em bares e conversando com pessoas aleatórias com as quais me deparava, como transeuntes, taxistas a espera de clientes, garçons e caixas de bares. Uma dessas conversas foi com a caixa de um bar da avenida Paulista, para onde havíamos caminhado a pé. Caso Bolsonaro ganhasse em primeiro turno, lá seria a celebração

Tentava apenas entender, escutando, sem questionar, um pouco do que estava acontecendo, com a impressionante votação que recebera Jair Bolsonaro, quase ganhando a eleição presidencial no primeiro turno. A responsável pelo caixa do bar, por seu lado, estava prestes a chorar, entoando um solilóquio entristecido sobre a possibilidade de Bolsonaro não ganhar no primeiro turno. Para ela, caso isso acontecesse, ele perderia no segundo — o que acabou não acontecendo. Ela me contou que seu pai tinha saído convicto em votar no Bolsonaro, e sua mãe decidida a votar no Haddad. Mas na hora de apertar os botões, ambos mudaram: seu pai votou no Haddad, e sua mãe em Bolsonaro. Para ela, o país estava desorganizado, e precisava de alguém para "dar um jeito". A atendente também se mostrou uma perspicaz analista da recente movimentação política do país, pois acompanha desde 2013 as manifestações na Paulista. Segundo ela, as de esquerda sempre terminam em badernas, com pessoas grosseiras, que não querem comprar nada. Já as da direita são sempre com famílias bonitas, educadas e vestidas de verde e amarelo. Patriotas. Ainda assim, lhe incomodava parte do discurso de Bolsonaro com relação à Ditadura Civil-Militar, "lutamos tanto para ter liberdade..." dizia ela.

Durante esse período entre o primeiro e o segundo turno eleitoral, a disputa macropolítica tomou tal importância na minha vida, que consigo distinguir três esferas. A primeira, um delírio: achava que tinha algum poder nas minhas mãos, auxiliava organizando eventos, panfletagens, debates, entrando em discussões intermináveis. Dia e noite voltado a isso, sem conseguir trabalhar nem estudar direito. Talvez essa sensação tenha sido compartilhada por muitas pessoas que saíram às ruas e se mobilizaram. Em parte porque era preciso acreditar que se pudesse barrar a iminente vitória de um governo de extrema direita. Talvez tenha sido uma mobilização muito tardia. As transformações políticas que vimos desde 2013 foram tão abruptas que deixaram muitos sem capacidade de ação. Um grande respiro foi a disrupção da revolta secundarista, em 2015, fruto direto de 2013.

A segunda esfera em que essa disputa macropolítica tomou forma na minha própria vida de maneira avassaladora em 2018 foi a sensação de que eu precisava entender o que outras pessoas, que decidiram votar em uma figura tão abjeta como Bolsonaro, estavam pensando. As justificativas, os anseios, as desilusões; a esperança de algo distinto. No final de longas conversas com um sem número de conhecidos e desconhecidos, pude identificar que eram raras aquelas pessoas que de fato pensavam que Jair Bolsonaro era um bom candidato.

Que o voto em Bolsonaro era um voto contra o Partido dos Trabalhadores, isso ficou óbvio para muita gente. Mas mais do que contra o PT, era um voto contra um certo *establishment* político, um voto contra a ideia da política como um processo lento e demorado de debates, controvérsias e procedimentos complexos. Esse sistema político de freios e contra-pesos, divisão de poderes e lógica de distribuição de funções entre partidos passou a ser identificado como intrinsecamente voltado à corrupção.

O voto por Bolsonaro é, de certa forma, um voto pela imediatez da transformação, que se resume tão bem na frase que tornou-se praticamente o bordão do candidato: "tem que mudar isso daí". Nesse sentido, sua atuação medíocre durante décadas no baixo clero da Câmara dos Deputados pesa a seu favor, ajudando-o a firmar a imagem de que ele é diferente, o "mito", como chamado pelo seus correligionários. Aquele que não comunga com "isso daí", e vai agir com contundência para mudar, valendo-se de raciocínios que podem parecer simplórios, como usar violência para combater a violência, mas que têm a capacidade de comunicar, ao simplificar uma experiência compartilhada por tantas pessoas em termos diretos e que convivem, diariamente, com a ameaça da violência.

A impressão que dá é que certos setores políticos da direita — principalmente esta entidade abstrata, espírito absoluto de nosso tempo, o mercado, que tudo decide e influencia — se valeram de um títere, com boa capacidade de comunicação em assuntos genéricos e polêmicos. Alguém sem conhecimento para assuntos específicos, desejoso de instaurar uma nova e perversa maneira de fazer política no país, sobrepondo-se à anterior.

A terceira esfera foi mais subjetiva, misturando lembranças do passado, pesadelos e noites mal dormidas. Era difícil encontrar famílias que não estivessem rompidas, ou mesmo colegas de trabalho e amigos cujas divergências políticas acarretarram no afastamento de pessoas antes queridas entre si. Escrevi um breve ensaio, junto a William Zeytounlian, psicanalista, sobre sonhos que nos foram compartilhados durante o período eleitoral.[1] Imagens de pessoas torturadas, perseguidas, uma proximidade sexual assustadora com violentadores, sensações de abandono e de incapacidade de ação indicavam como a incerteza política do momento se fazia presente nos sonhos. Mas o que mais me impressionou é que muitos desses sonhos e pesadelos apresentavam situações de violência e medo corriqueiras. O que os tornava particularmente relacionados ao momento político de acirramento de posições e incertezas é o fato de que muitas pessoas se dispuseram a contá-los em conversas sobre esse contexto.

Nessa época, uma das cenas que mais voltava à minha cabeça era a do dia da votação do impeachment de Dilma Rousseff. Ao chegar no Vale do Anhangabaú, no centro de São Paulo, para acompanhar a votação na Câmara, que já avançava na direção de aceitar a abertura do processo de impeachment, demonstrei uma felicidade, talvez exagerada para o contexto, ao encontrar um casal de amigos muito próximos — algo pouco provável de acontecer, tão rápido, naquele mar de gente. Ambos ficaram

---

1. Conferir página 195.

incomodados com a minha reação, e diziam, recorrendo ao fato de serem mais velhos, que eu não entendia o que estava acontecendo, a dimensão do que significava aquela mudança política radical.

De fato, eu não entendia. E não posso dizer que entendo. Se tivesse entendido, não escreveria esse ensaio, que não é senão uma forma de tentar entender, de interrogar essas mudanças. Além de mim, muitas outras pessoas, localizadas no campo da esquerda, também não entenderam. Lembro de uma entrevista que Dilma Rousseff deu à *Agência Pública de Jornalismo Investigativo*, afirmando que ainda era presidente, que ninguém havia retirado seu mandato. Recordo também da pouca importância dada àqueles que pediam a volta dos militares. "Uns malucos aí", disse um amigo, ao passarmos pela avenida Paulista. Em menos de oito meses seria eleito o governo com maior presença de militares na política desde a Ditadura Civil-Militar. O próprio Fernando Haddad identificava as manifestações de 2013 como uma reação à queda no poder de compra da população. E me parecia estranho ouvir relatos de uma certa esquerda, de classe média branca, a qual invariavelmente pertenço, sobre como conseguiram convencer seus próprios garçons e taxistas que lhes serviam sobre quem votar.

As interpretações macropolíticas para explicar como um país que votava majoritariamente pela centro-esquerda guinou para um projeto político autoritário obscurantista devem levar muitos fatores em consideração. A falência do sistema político instaurado em 1988, por conta dos sucessivos escândalos de corrupção. A sensação de uma classe média que antes detinha privilégios e signos de diferenciação com relação aos mais pobres, e se viu espremida nos anos do lulismo entre a ascensão dos mais pobres à condição de classe média e o crescimento exorbitante que transformou muito ricos em super ricos. O afastamento de setores de centro-esquerda da rua, encastelando-se em Brasília e cargos governamentais.

Mas são nas pequenas falas que subjaz um ponto de vista para entender o ritmo desconcertante dessas transformações. Durante muito tempo, o discurso daqueles que se contrapunham a pautas reivindicadas pela esquerda era de que "essa coisa de direita e de esquerda não existe mais. É coisa da polarização da época da Guerra Fria". Em 2018, o discurso era distinto: tudo o que envolve uma discussão política minimamente em desacordo com a lógica mercado, polícia e agronegócio é considerado de esquerda (saco generalista em que foram colocadas figuras históricas da centro-direita como Alberto Goldman e Geraldo Alckmin).

Comentários como "esse aeroporto parece uma rodoviária" indicam mais do que um simples preconceito. Apontam que as mudanças sociais que efetivamente surtiram efeito com o lulismo geraram incômodos. O combate à fome parece difícil de ser atacado diretamente, por isso o ataque se voltou à suposta falta de produtividade que o programa do Bolsa Família acarreta. A expansão do consumo, porém, incomodou profundamente esse setor da classe média que se sentiu espremido. À esquerda, não foi raro ouvir comentários como "o governo só promove o consumo". Algo muito fácil de se dizer, quando a pessoa que formula a frase possui geladeira, liquidificador, televisão, e julga "estranho" os mais pobres passarem a ter, por não corresponderem a um ideal franciscano de revolucionário projetado sempre no outro.

A reorganização do campo político brasileiro, a mudança de paradigma que deu fim ao modelo iniciado em 1988 e trouxe ao poder uma extrema direita autoritária, pode ser entendida como uma reação. Uma reação às transformações originadas pela tímida mas real expansão de direitos e visibilidade de grupos minoritários que, ao se *empoderarem*, criaram uma sensação de ameaça àqueles que não querem abrir mão do seu poder.[2] Houve, ainda que de maneira tímida, um abalo na estrutura do poder, com

---

2. Devo a uma conversa com o poeta Ricardo Domeneck esse argumento.

movimentos feministas, negros, indígenas e LGBTQIS demandando espaço. Pode-se correlacionar o que aconteceu no Brasil também com a onda de revoltas e movimentos contestatórios que marcaram esse início de século XXI ao redor do globo, como Black Lives Matter, Occupy Wall Street, Primavera Árabe, ocupações de praças na Espanha, movimento estudantil no Chile, etc. A essa onda global de revoltas, vemos a organização de uma resposta neoconservadora, impondo a fórmula mercado e militarismo como plano neoliberal de gestão da vida. O modelo do capitalismo autoritário, dissociando capitalismo e liberdade, está em expansão.

Governos autoritários usam de maneira intencional o desentendimento e a desinformação. Tanto em falas expressas e propostas concretas (que costumam ser escassas), como nos silêncios e curtos-circuitos nas informações, entrevê-se um mecanismo que torna opaca a relação com qualquer substrato de solidez ao qual se fiar. Cria-se uma situação entorpecente, cujo objetivo é a expansão do medo como estratégia para imobilizar qualquer tipo de movimento de oposição.

A política busca na vertigem uma forma de operacionalizar o controle de corpos. E nos demanda, quem sabe, uma especial atenção àquilo que enunciam os ruídos.

Em *Guerra e paz*, de Liev Tolstoi, há uma passagem que narra o fluxo de consciência de Pierre Bezukhov sentado à mesa durante o seu casamento com Helene Kuragin, perguntando-se como viera parar ali. Como havia a sua vida lhe proporcionado um casamento com uma pessoa que ele mal conhece, e que agora passa a chamar de esposa?

Tanto na guerra, como na paz, nos campos de batalha entre franceses e russos, como nas relações sociais e afetivas nos salões da corte, o que Tolstoi cria é uma sensação de que ninguém ao certo sabe o que realmente está acontecendo. Todos os seus personagens parecem perdidos, sendo arrebatados pelo fluxo da história, dos acontecimentos, como se levados pelos movimentos de forças oceânicas: "a pessoa vive para si de forma consciente, mas serve de instrumento inconsciente para a realização dos objetivos históricos", escreve Tolstoi.

Tentei chamar a atenção para como alguns escritores e escritoras repensam sua relação com o mundo e a escrita para tratar de realidades convulsionadas, violentas e escapadiças. Vertiginosas, na medida em que os referenciais de compreensão do mundo ao seu redor parecem obsoletos. Aquilo que Tolstoi vê como um implacável e irredutível movimento da história.

Mas o que importa, afinal, é atentar à reinvenção da linguagem e das formas de interrogar um mundo que nos demanda uma resposta visceral às violências impostas. Como na crítica que faz o poeta judeu-egípcio Edmond Jabès a Theodor Adorno, relembrada por Rivera Garza: não se trata de deixar de fazer poesia depois de Auschwitz, mas, enquanto testemunhas das transformações de formas de horror, fazer poesia de outra forma. "Nós devemos escrever. Mas escrever é algo completamente distinto. Não podemos mais escrever como antes", afirma Jabès.

A incerteza política em 2018
Uma coleção de sonhos e pesadelos[1]

Nos últimos meses não tem sido raro ouvir sonhos sobre a atual situação política do país. Sonhos, mas principalmente pesadelos. O desconforto com um processo político tão polarizado como o atual não nos abandona nas noites mal dormidas. Até a esperança de poder descansar parece frustrada. Mesmo o sonho se torna um momento de elaborar as tensões que experimentamos acordados.

O processo eleitoral foi marcado por discussões, brigas, violência e assassinatos. Acordados, uns tentaram convencer os outros sobre seus candidatos. Notícias falsas, caluniosas e estapafúrdias circulam pelas redes sociais, originadas não se sabe de onde,

---

1. Texto originalmente publicado no *Nexo Jornal* em 10/11/2018, em parceria com o psicanalista William Zeytounlian. O ensaio trata de sonhos e pesadelos de algumas pessoas durante o pleito eleitoral de 2018, que elegeu Bolsonaro como Presidente da República.

enviadas por não se sabe quem. Casos de violência contra minorias explodem país afora: aqui não se trata de convencer, converter, nem compreender, mas de eliminar a diferença. O próprio candidato Jair Bolsonaro foi alvo de um ataque a faca que quase o matou, e que definitivamente mudou o rumo das eleições.

Ao longo de duas semanas, durante a corrida eleitoral de 2018, ouvimos e compilamos sonhos que de algum modo refletem o crescimento vertiginoso do então candidato Jair Bolsonaro nas pesquisas. A maior parte dos sonhos nos foram enviados por mensagens virtuais. Outros tantos nos foram contados ao vivo, em conversas cotidianas aleatórias ou quando perguntávamos. Participaram principalmente pessoas de São Paulo, do Rio de Janeiro e do Pará. Como algumas pessoas preferiram falar sob anonimato, receosas de compartilhar uma dimensão tão pessoal de suas vidas, decidimos omitir a identidade de todas.

São sonhos que apontam algo que ainda escapa à nossa capacidade de entendimento e racionalização. Sonhos e pesadelos que merecem ser ouvidos, pois trazem uma percepção sensível acerca do atual momento de incerteza em que vivemos.

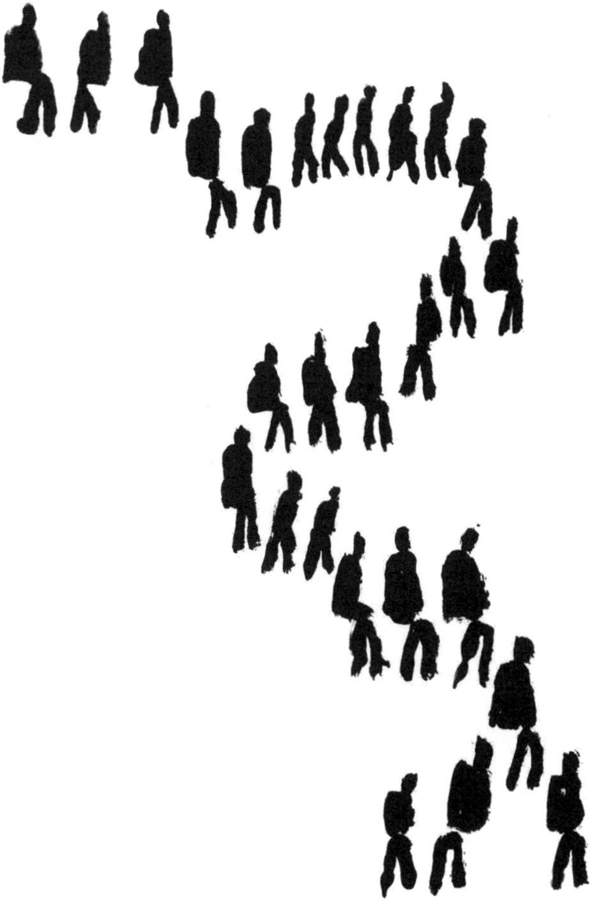

I

Muitos dos sonhos revelam o medo das pessoas diante da possibilidade de atrocidades legais, policiais e burocráticas. Em seu pesadelo, R., professor, foi transportado a uma sociedade em que todos precisam estar às sete da manhã na escola, fardados, para cantar o hino nacional. Atrasado, veste o uniforme no carro que o transporta em alta velocidade para a escola. Quando este não consegue parar, desgovernado, as pessoas batem no capô, despertando-o.

D., artista trans, sonhou que fazia algo corriqueiro: ir a uma festa só que em duas casas separadas, bastava atravessar a rua. Para fazê-lo, porém, era preciso apresentar seus documentos a uma policial. Em uma dessas passagens estava Lula, de cabeça raspada, com roupa de jovem, indo para balada. B., professora, é presa sem saber o motivo, perde o direito de votar, não consegue se comunicar nem acertar o número do advogado. Seu único consolo, poder escrever o doutorado na cadeia, não a poupou de acordar angustiada.

De forma mais simples, M. sonha que não pode mais ver sua família pois todos tinham votado em Haddad; de forma semelhante, C., artista mulher, vive em um Estado de exceção em que é proibida de ver os pais. L. conta que no pouco que dorme, sonha que está sendo separada do filho. T., que faz marketing para mídias sociais, teve um pesadelo cinematográfico: "estava em casa assistindo o jornal com minha família quando invadiram e começaram a atirar no teto. Estavam todos fardados de preto e tinham escrito 'Jesus' nos coletes... Me procuravam. Eles afastaram meus pais de mim, me levaram presa e me jogaram num camburão preto também, com um desenho do Brasil em branco. Lá dentro tinha muitas outras pessoas. Estavam todos em pé, amarrados, para caber todo mundo. Ninguém sabia o que estava acontecendo".

II

O debate dessas eleições deu lugar central às temáticas relacionadas à sexualidade e à identidade. Do "kit gay" ao feminismo, de ameaças a homossexuais ao elogio da família tradicional brasileira, vimos um processo eleitoral atravessado por uma política moralizante dos corpos. Nos sonhos que coletamos, essa violência ecoa em cenas de agressão e estupro.

A., professora, sonhou que se via cercada por homens que poderiam estuprá-la ou batê-la em um lugar movimentado sem que os demais tomassem qualquer atitude. Tudo sob os olhares de Bolsonaro, que estava presente. Depois de várias noites de insônia, C. sonhou que estava em sua casa reclusa, com medo de uma invasão de apoiadores do Bolsonaro que poderiam "matar, espancar, estuprar".

W., cineasta, sonhou que Bolsonaro era dono de um bar no porão da Cidade Universitária. Ele ia ao local com sua namorada que era estuprada na sua frente pelo então candidato. Em seguida, "eu matava ele ou ele matava ela, não lembro". N., que é professora, sonhou que era perseguida por skinheads na rua Augusta, em São Paulo. Após passarem por ela com atitude hostil, sentiu que deveria ficar calada para não ser violentada: "na minha cabeça a ideia de estar só era melhor do que encontrar qualquer pessoa". A., produtora cultural, confundindo sonho e realidade, tinha a impressão de que, enquanto dormia, havia um homem deitado ao seu lado. Assustava-se ao perceber que esse homem era Bolsonaro. Os exemplos são muitos.

III

Se a linguagem poderia criar trocas e diálogo, muitos sonhos refletem seus próprios limites revelando medos diversos: perceber-se repentinamente só, inadaptado à nova realidade ou impossibilitado de comunicar-se. Sonhos de impotência e incapacidade de ação frente a uma realidade que desafia o entendimento.

T., músico, sonhou que participava de um grupo de WhatsApp. Inicialmente a discussão parecia educada. De repente, as pessoas começaram a se atacar mutuamente. Alguém batia em sua porta: eram vizinhos que o haviam denunciado por criticar Bolsonaro. M., filósofa, sonhou que estava em um lugar escuro, com focos de luz esparsos: "e eu tinha que falar com minhas amigas em código. A gente não podia se mexer muito. Nem se falar muito. Estávamos não muito próximas. Eu tinha que levantar a voz para ser ouvida".

Outros sonhos nos dão a percepção de uma angústia que se arrasta, sem previsão de terminar. R, arquiteta, sonhou que ocupava o lugar de William Bonner em um dos debates eleitorais. O sonho não acabava nunca, "pareciam 8 horas de debate ininterruptas". Por sua vez J., cineasta, se viu rodeado de amigos no show de Roger Waters. Todos gritam contra Bolsonaro. Mesmo cansados e com fome, não conseguem ir embora com medo de sofrerem violências. E o show não acaba nunca.

T., historiadora, questiona-se se seria capaz de se adaptar ao que muitos acreditam ser um ideal de cidadão: "na véspera da eleição sonhei que ganhava um revólver de presente — não lembro nem de quem, nem exatamente com que propósito. Eu ficava muito impressionada com o quanto o objeto era pesado. Eu nem conseguia segurar ele direito com uma mão só... e aí dava muito medo, porque parecia um objeto meio incontrolável. Sei lá..."

Teremos um Estado de exceção? Pessoas serão sistematicamente perseguidas por conta de suas orientações sexuais e opiniões políticas? O Congresso será fechado? A Amazônia será varrida do mapa? O futuro do país permanece incerto pela falta de debates e propostas claras. E o que foi dito gerou mais dúvidas e ameaças do que certezas e apaziguamento. Não cabe aqui analisar detalhada e minuciosamente cada um desses sonhos. Toda pessoa produz um universo único de símbolos e mobiliza memórias e afetos que dizem respeito à sua história. Mas, seguramente, o desamparo que tanta incerteza cria serve à matéria de que são feitos os sonhos.

Jair Bolsonaro: massa, vírus e poder[1]

> A crise não é de "confiança", não é "ética", não é "financeira"; não é "política", não é "institucional" e muito menos do "coronavírus". É a crise de um padrão de sociabilidade que transforma tudo em mercadoria, inclusive saúde, educação e tempo de vida. A crise é do capitalismo
>
> **Silvio Almeida**

Queria começar este ensaio com três cenas distintas, seguindo uma ordem cronológica. São curtas, significativas e falam por si.

Cena 1. BOLSONARO E OS 30 MIL MORTOS

Estamos em 1999. Bolsonaro participa de uma entrevista ao programa televisivo *Câmera Aberta*, sentado lado a lado com o apresentador. Ele estava

---

1. Texto originalmente publicado no *Le Monde Diplomatique Brasil* em 26/03/2020.

então no término de seu terceiro mandato como deputado federal. Seu tipo físico e sua forma de falar chamam atenção: bonito, poderia-se dizer, com um rosto jovial bem barbeado, cabelo liso com franja caindo para esquerda, camisa xadrez. Exibe uma acentuada monocelha que com a idade foi se apagando. Pese esse aspecto de bom-garoto, o deputado tem uma postura pouco polida, que em nada mudou com os anos: atropela as perguntas do entrevistador e responde com veemência a propósito de disputas políticas da época. "Eu até sou favorável, que na CPI do caso do Chico Lopes, tivesse um pau de arara lá. Ele merecia isso: pau de arara. Funciona! Eu sou favorável à tortura. Tu sabe disso", exaspera Bolsonaro, apontando com as duas mãos semifechadas para si. "E o povo é favorável a isso também", continua.

Naquele ano, o ex-presidente do Banco Central Francisco Lopes foi convocado para uma Comissão Parlamentar de Inquérito (CPI) que apurava irregularidades no sistema financeiro. Lopes não assinou o documento em que se comprometeria a dizer a verdade na Comissão. Alertado por senadores de que ele poderia sair de lá preso caso mantivesse sua atitude, Lopes não mudou de opinião, e terminou, de fato, preso. Na continuidade da entrevista, Bolsonaro é questionado se, caso fosse o Presidente da República, fecharia o Congresso. Responde sem titubear: "não há menor dúvida, daria golpe no mesmo dia! Não funciona!".

Ele segue seu raciocínio virulento até chegar na parte que me parece mais relevante. "Através do voto você não vai mudar nada nesse país, nada, absolutamente nada! Só vai mudar, infelizmente, no dia em que partir para uma guerra civil aqui dentro, e fazendo o trabalho que o regime militar não fez. Matando uns 30 mil, começando pelo FHC, não deixar ele pra fora não, matando! Se vai morrer alguns inocentes, tudo bem, tudo quanto é guerra morre inocente", afirma Bolsonaro.

A guerra, a morte daqueles pelos quais Bolsonaro não tem apreço, surge aqui como uma proposta de limpeza da população, visando a criação de um novo e melhor país.

Cena 2. «CARTA BRANCA» PARA MATAR

14 de dezembro de 2017. Bolsonaro desfila pela capital amazonense. É o início de sua campanha eleitoral. Duas bandeiras do Brasil e uma de Israel adornam o carro de som em cima do qual se encontra o candidato, por sua vez envolto naquela que aparenta ser uma bandeira do estado do Amazonas. Uma pequena plateia o acompanha. Grita e aplaude cada frase de Bolsonaro. O então presidenciável faz uma saudação à Polícia Militar do Amazonas, afirma que vai defender o excludente de ilicitude e então

conclama com ira: "se alguém disser que quero dar carta branca para policial militar matar, eu respondo: quero sim!". A plateia vai ao delírio.

Em meados de 2019, o ex-juiz Sérgio Moro encaminha ao Congresso, na condição de Ministro da Justiça e da Segurança Pública, o seu projeto mais ambicioso. Acreditava na aplicação de medidas rígidas para diminuir tanto criminalidade quanto impunidade no Brasil. O Pacote Anticrime, como ficou conhecido, tornaria mais duras as penas para corrupção, tráfico de drogas e organizações criminosas. Uma vez com o projeto tramitando no Congresso, Moro foi questionado quanto ao excludente de ilicitude. Neste item, estava disposto que o juiz encarregado de julgar policiais envolvidos em assassinatos poderia "reduzir a pena até a metade ou deixar de aplicá-la se o excesso decorrer de escusável medo, surpresa ou violenta emoção". No Legislativo o projeto foi visto como uma licença para que policiais país afora pudessem matar sem serem punidos.

Moro até tentou se defender, dizendo que aquilo não era uma carta branca, mas ainda podia se ouvir o eco das falas pronunciadas por Bolsonaro em cima do carro de som em Manaus. Este foi um dos principais trechos do pacote de Moro arquivados pela Câmara dos Deputados.

Bolsonaro não se furta a explicitar contra quem esta guerra estará destinada.

Cena 3. AS MASSAS E O MITO

Domingo, 15 de março de 2020. Quatro dias antes a Organização Mundial de Saúde (OMS) declarou pandemia mundial pelo novo coronavírus. Sistemas de saúde de todo o mundo em crise. Países confinando milhões em casa. Fronteiras sendo fechadas. Economistas calculando prejuízos bilionários. Bolsonaro, por sua vez, contraria recomendações médicas e de seus próprios ministros. O agora presidente decide por sair do Palácio do Planalto rumo a uma manifestação de simpatizantes seus que foram às ruas, em meio à pandemia, contra o Congresso Nacional e o Supremo Tribunal Federal. Bolsonaro interage com estes. Sorri. Manuseia celulares da população. Em seus perfis virtuais compartilha vídeos de atos em todo o país, estimulando que pessoas estejam em contato e aglomeradas.

Bolsonaro havia estado na presença de contaminados pela Covid-19 e médicos lhe recomendaram diminuir contatos — quando escrevo este texto, são 23 o número de pessoas próximas ao presidente contaminadas, incluindo ministros. Ele não parecia preocupado com a sua saúde, tampouco com a da sua massa mais fanática de apoiadores.

Que relações poderiam ser traçadas entre esta terceira cena e as duas que lhe antecedem?

A Covid-19 nos permite uma perspectiva diversa; auxilia a observar, a partir de ângulos inauditos, aspectos do projeto autoritário de Jair Bolsonaro. Há entre a situação social criada pelo vírus e o autoritarismo de Jair Bolsonaro afinidades que cabem ser explicitadas. Ressalto três.

POLÍTICA E PARANOIA

Massa e poder, do escritor Elias Canetti, é um livro fascinante. "Tudo", diz Canetti, veio parar neste livro. Seu pano de fundo é o que ocorre na Alemanha nazista e as amplas mobilizações de massa que a sustentam. Disse pano de fundo, porque não acredito que seja exatamente uma obra sobre a Alemanha nazista e o extermínio dos judeus da Europa. Hitler e o contexto do nazismo alemão são mencionados, mas não à exaustão. Canetti aposta que, para entender o fenômeno das massas, é preciso deixar uma certa racionalidade europeia de lado e analisar os sentimentos que movem as pessoas a compô-las. Reflete sobre as sensações de abertura de cada pessoa quando, incorporado à massa, passa a fazer parte de um todo, nele se apagando. Para isso, vai da psicologia à antropologia, da história à arqueologia, passando pela teoria política. Percorre povos indígenas das Américas, povos caçadores da África e sultões muçulmanos para uma ampla reflexão sobre o assujeitamento.

Ao fazer uma radiografia da massa, destrincha seu principal mecanismo de funcionamento: toda massa tende ao crescimento. A massa é pensada à imagem do fogo, na sua capacidade de propagação, seu caráter contagioso irrefreável, que não respeita fronteiras nem barreiras. O fogo compartilha com as massas outra característica: tudo que existia antes do fogo, por mais heterogêneo e diverso que fosse, é igualado ao ser transformado em cinzas. Também as pessoas, integradas à massa, perdem seus traços definidores. "Quanto mais vida algo abriga, tanto menos será ele capaz de defender-se do fogo; capaz de fazer-lhe frente é apenas o que há de mais inanimado: os minerais", escreve Canetti.

Impossível não pensar nas semelhanças entre fogo e vírus, no que diz respeito à velocidade de propagação. Principalmente se levarmos em consideração as particularidades das formas de contato hoje, em que grande parte da massa toma corpo on-line, no qual *viralizam* fake-news, sentimentos e agressões contra determinadas pessoas, tornando indistinguíveis massas e hordas.

Ainda assim, é outro traço do livro de Canetti que gostaria de trazer para ajudar a pensar o Brasil sob essa dupla ameaça, coronavírus e Bolsonaro. O governante como paranoico.

O sultão de Delhi, Muhammad bin Tughluq (século XIV), emerge para Canetti como o caso puro de um paranoico detentor de poder, um exemplo que revela as relações entre a paranoia e os governantes totalitários europeus que deseja compreender. O sultão, possuidor de uma riqueza incomensurável, coordena exércitos em guerras inúteis, presenteia estrangeiros em detrimento de seus súditos, e termina por exterminar toda a população de sua cidade. Só assim, ao olhar pela janela de seu palácio e contemplar Delhi vazia, se sente satisfeito.

Exterminar indiscriminadamente, ainda que morram inocentes, como fala Bolsonaro, compõe o delírio do paranoico. Aos olhos do detentor do poder, a massa se revela em sua essência: todos são iguais, e todos lhe são igualmente perigosos. Por isso, como coloca Canetti, faz-se necessário o "seu amansamento mediante a miniaturização". Aqueles subjugados pela violência, uma vez miniaturizados, ajudam na composição e no engrandecimento do corpo do governante, que confunde o seu próprio corpo com o daqueles que governa. O autor ressalta também o "sentimento do catastrófico", a "ameaça à ordem universal", que nutre o paranoico com relação às massas.

Vale traduzir as reflexões de Canetti para termos propriamente bolsonaristas. O vídeo compartilhado em redes sociais por Bolsonaro, em que figura um leão (ele) cercado de hienas (mídia, Congresso

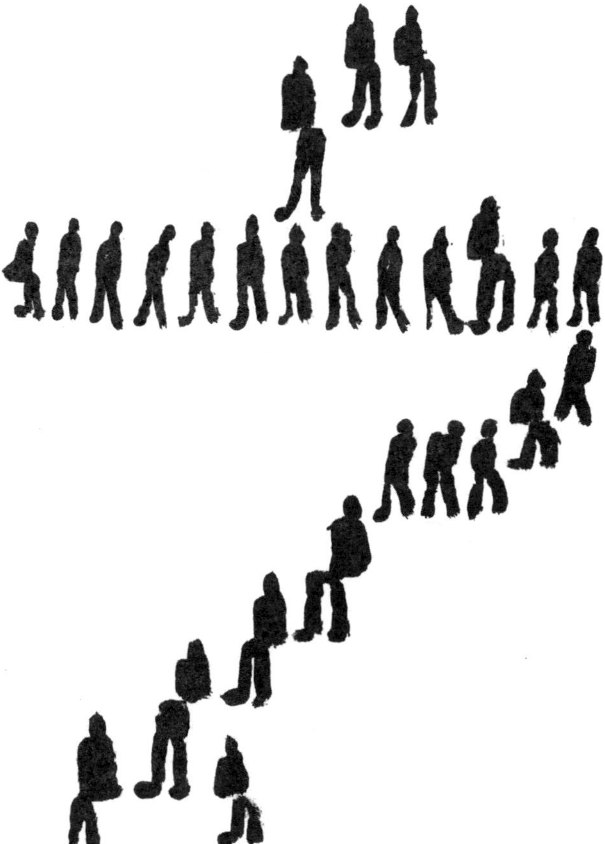

Nacional, STF e seu próprio ex-partido), dá uma dimensão palpável dessa paranoia. "Redentor do universo e soberano são uma única pessoa", afirma Canetti sobre a visão do governante sobre si mesmo. "Mito", como o chamam os apoiadores de Bolsonaro, coloca-o precisamente como única força redentora do país, dotado de uma aura divina, que não raro seus apoiadores encontram no nome do meio do presidente, *Messias*.

Outro aspecto concreto dessa paranoia, ao mesmo tempo real e calculada: demais políticos, como governadores e prefeitos, que tomam medidas para a contenção do vírus, são vistos por Bolsonaro como ameaças, trapaceiros que querem sabotar seu governo, diminuindo o crescimento do PIB e aumentando o desemprego.

A diferença entre o paranoico e o detentor do poder não existe em si, mas na sua relação com o mundo exterior. O paranoico se basta — lhe é suficiente a sua própria paranoia. Ao detentor do poder, sua paranoia é desenfreada. Ao paranoico, só ele importa. Os outros, a massa que o sustenta, não. A ponto de o presidente sair para tocá-la indiscriminadamente, mesmo com a possibilidade de estar contaminando seus próprios apoiadores.

Para Canetti: "a opinião do mundo nada representa para ele [*governante ou paranoico, tanto faz*]; seu delírio sustenta-se sozinho contra toda a humanidade". O escritor búlgaro continua: "do único homem vivo, ele se transformou no único que conta". É precisamente isso que revela Bolsonaro em uma de suas mais recentes reflexões públicas: "depois da facada, não será uma gripezinha que vai me derrubar", afirmou o presidente, em meio ao crescimento exponencial do vírus no Brasil.

Não importam os outros. Ao mito, ansiando tornar-se plenipotente, o vírus pode ser um meio.

HIGIENIZAÇÃO SOCIAL

Como no capitalismo a morte segue o padrão da desigualdade, é de se esperar que nem todos venham a morrer igual com a crise do coronavírus no Brasil. Basta atentar ao vídeo de Jandira Feghali[2] de que a comunicação do governo para contenção do vírus se destina à classe média-alta. Como mostram inúmeras reportagens, como se proteger do vírus em locais onde sequer existe água na torneira para lavar as mãos? De que maneira isolar um doente em casa, em habitações de um só cômodo compartilhadas por toda uma mesma família, incluindo distintas gerações?

Vale a leitura do texto da filósofa e militante Djamila Ribeiro[3] sobre a situação de vulnerabilidade de

---

2. "Médica, Jandira Feghali dá show e faz a fala mais brilhante até agora sobre a situação", *YouTube*, 18/03/2020.
3. "Doméstica idosa que morreu no Rio cuidava da patroa contagiada pelo coronavírus", *Folha de S. Paulo*, 19/03/2020.

empregadas domésticas. A autora enfoca no violento caso da morte de uma idosa no Rio de Janeiro, que não foi dispensada após os patrões voltarem contaminados com coronavírus da Itália.

Em um país com tamanha desigualdade, o vírus não matará de maneira igual. Se inicialmente a contaminação se deu de maneira primordial entre pessoas com acesso a viagens internacionais, sua disrupção em bairros pobres é de se temer. O vírus toma partido numa guerra já existente, e que muitos sociólogos dão o nome de "punição da pobreza". A mesma lógica, vale dizer, do excludente de ilicitude defendido por Bolsonaro: punem-se os pobres, pouco importa a morte de inocentes. Limpa-se uns "30 mil", como na guerra civil outrora, senão ainda, desejada pelo presidente. Não é senão isso que propõe também a Medida Provisória elaborada pelo governo de Bolsonaro: suspender contratos de trabalhadores por até quatro meses, deixando-os desamparados em um momento de aumento dos gastos com saúde. Poucas horas depois, e após protestos de políticos e sociedade civil, o presidente revogou este trecho.

O historiador e filósofo *best-seller* Yuval Noah Harari escreveu um excelente texto para a revista norte-americana *Time*[4] (trechos foram traduzidos ao

---

4. "In the Battle Against Coronavirus, Humanity Lacks Leadership", *Time*, 15/03/2020.

português).[5] Entre as ideias que o autor questiona está a de que a pandemia só tomou as dimensões que tomou devido ao mundo interconectado em que vivemos.

Harari defende precisamente o contrário: a propagação de doenças em outras épocas era mais letal, e havia infinitamente menos conexão entre o mundo. Basta pensar na letalidade e dispersão da peste bubônica na Europa ou da varíola entre populações indígenas das Américas. Vale comparar a reação da ciência ao coronavírus com a reação à peste: "enquanto pessoas na Idade Média nunca descobriram o que causava a peste bubônica, cientistas levaram apenas duas semanas para identificar o novo coronavírus, sequenciar seu genoma e desenvolver testes confiáveis para identificar pessoas infectadas", afirma o autor. Essas informações foram rapidamente compartilhadas entre países.

É com a disseminação de informação entre países, a troca de conhecimento científico e as técnicas especializadas que se garante um combate eficiente ao vírus. O caso da varíola é exemplar: foi apenas pela existência de um esforço que envolveu *todos* os países do globo em 1979 que a doença foi erradicada. Se uma única pessoa permanecesse com o vírus, este poderia sofrer uma mutação genética em um único

---

[5]. "'Na luta contra o coronavírus, a humanidade precisa de lideranças globais', diz Yuval Harari", *Época Negócios*, 19/03/2020.

gene (o que costuma acontecer com vírus, seja o coronavírus ou o Ebola), e a humanidade teria ainda que lidar com a varíola.

Se o vírus tem o potencial de revelar as mazelas da desigualdade e do caráter paranoico do detentor do poder, ele também aponta que ninguém está a salvo. Não importa o quão rica uma pessoa possa ser, o quão afastada se encontre dos centros de pobreza. Sujeitar populações inteiras a péssimas condições de vida e acesso precário não imuniza ninguém das consequências dessa desigualdade. Esse único gene, de um único vírus, de uma única pessoa sem acesso a um bom sistema de saúde pode ser fatal.

Ainda assim, ricos aparentam manter a ficção de que não serão atingidos da mesma forma que pobres pelo vírus. Certamente não o serão da mesma forma. Mas a curva de crescimento exponencial do número de contaminados leva ao colapso tanto o sistema público de saúde quanto os mais luxuosos hospitais privados.

A FICÇÃO DO CONTROLE TOTAL

Lidar com uma doença contagiosa, uma catástrofe ambiental, guerras ou situações extremas que coloquem a população em vulnerabilidade, sempre apresenta duas facetas. A ideia de que governantes possuem razões práticas para desempenharem seu poder de mando de forma excepcionalmente dura é a concretização do poder sem limites em sua forma pura.

Em *Vigiar e punir*, Michel Foucault abre um dos capítulos centrais de sua obra, aquele dedicado à análise da visualidade e do controle do panóptico de Jeremy Bentham, com uma impressionante descrição do sistema de controle de pessoas que vinha à tona com a peste bubônica na Europa. Relatórios, rede de informações capilarizada, controle de movimentações. Dominar a peste traz em si, de forma concentrada e acentuada, o objetivo de todo projeto autoritário de controle total.

Harari, no texto acima citado, aponta para uma estratégia virtuosa, de troca de informações científicas e esforços entre países. Isso não exclui o uso que governos possam fazer para lidar com a pandemia, recrudescendo liberdades em tempos de exceção, para não mais voltar à normalidade. Em outro artigo do mesmo escritor, desta vez publicado na revista britânica *Financial Times*,[6] aponta para o perigoso aprimoramento de medidas de vigilância de pessoas, colocadas em prática pela China e por Israel com relação a seus próprios cidadãos, acompanhando cada movimento, ou mesmo a proximidade com pessoas infectadas. Ainda mais grave, para o autor, é a possibilidade de governos monitorarem

---

6. "Yuval Noah Harari: the world after coronavirus", *Financial Times*, 20/03/2020.

características fisiológicas como pressão arterial e batimentos cardíacos. Isso permite uma vigilância sem precedentes de nossos gostos, risadas e emoções. "O monitoramento biométrico faria as táticas de hackeamento de dados da Cambridge Analytica parecerem algo da Idade da Pedra", afirma o autor.

Com Bolsonaro, tudo parece infinitamente menos refinado. O combate ao vírus assume a sua faceta mais desmascaradamente abjeta: o desmerecimento da ciência, a descrença de que o vírus seja de fato um perigo, a propagação de notícias falsas e os comportamentos infames do próprio presidente. Tamanha inépcia gera desconfianças, levantando suspeitas de que possa existir um projeto de instauração de um duradouro Estado de Sítio.

Bolsonaro vem dando inequívocos sinais de estar ensaiando um golpe. Isso desde antes de se ouvir falar em Covid-19. Se não o faz, é porque não tem certeza de ter o apoio que tal medida demandaria. Desejo, ao que indicam suas falas, não falta. O vírus pode, perigosamente, criar as condições para que Bolsonaro concretize seu delírio autoritário: colocar o exército na rua para conter pessoas e não mais tirar. Uma vez contido o vírus, garantir uma disciplina entre trabalho e casa: reprodução do capital e reprodução da massa que o produz.

É pouco provável que a cúpula do exército endosse tal movimento. A polícia, porém, pode ser incentivada a realizar motins contra governos estaduais, estabelecendo um duradouro toque de recolher. O motim de policiais militares ocorrido no início do ano no Ceará — e as estranhas relações entre o Executivo Federal e os policiais amotinados — não deve ser esquecido.

Não acredito que Bolsonaro tenha força para tanto. Mas as três cenas selecionadas acima, entre tantas outras, fazem crer que este seja seu mais profundo objetivo. Graças aos republicanos franceses do século XVIII e XIX temos separação de poderes e um sistema de freios e contrapesos. Governadores e prefeitos têm tomado medidas exemplares de fechamento de locais de grande circulação de pessoas e limpeza do transporte público — muito antes do que fizeram países europeus em relação às curvas locais de crescimento da pandemia.

Resta saber que uso político fará da crise Bolsonaro. Ao que tudo indica, o presidente já não mais goza entre os liberais do apoio de outrora. Sua base no campo conservador também parece ter ruído. Panelaços e a palavra impeachment já não nos são tão estranhos. Bolsonaro terá de se haver com um país aos frangalhos, em um mundo assolado por mortes, recessão econômica e mais desigual do que nunca.

NOTA GERAL SOBRE O IMAGINÁRIO DA CATÁSTROFE

Leio reportagens, ensaios e crônicas diariamente. Poucas me marcaram como a matéria de Evan Osnos sobre como super ricos norte-americanos se preparam para o pior. Em "É o fim do mundo",[7] o jornalista mostra como estes se previnem contra o cataclismo. Não se sabe se em razão de alguma crise econômica, desastre ambiental, revolta popular ou uma caótica combinação destes fatores. Por isso existem corretores especializados em vender bunkers subterrâneos em desertos nos EUA e no interior da Nova Zelândia. Lá, debaixo da terra, seus clientes teriam autonomia para passar até vinte anos caso as coisas na superfície não estejam boas.

A catástrofe está sendo gerida e comercializada. *Business as usual.* Ou em bom português, negócios são negócios.

Cena 4. PRONUNCIAMENTO OFICIAL DE JAIR BOLSONARO SOBRE CORONAVÍRUS EM REDE NACIONAL

Terça-feira à noite (24/03/2020). O presidente tem dificuldade em articular as palavras. Parece preocupado, e ao mesmo tempo sente que tem uma mensagem para passar. Tem ar contrariado. Fala em "pânico e histeria" a serem combatidos. Diz que

---

7. "É o fim do mundo", *Revista Piauí*, 04/2017.

parte da grande mídia criou e espalhou uma sensação de pavor em relação à Covid-19. Atacou governadores. Voltou a comparar o coronavírus com uma gripezinha. E na contramão do que afirmam especialistas por todo o mundo, exortou as pessoas a continuarem suas atividades regulares: "o sustento das famílias deve ser preservado. Devemos, sim, voltar à normalidade".

Cura, doença e tortura
O ritual palaciano de Jair Bolsonaro[1]

Jair Bolsonaro criou seu próprio ritual palaciano. Cercado por seguranças de paletó e óculos escuros, por militares fardados filmando aqueles que dele se aproximam, o presidente desce de um carro e caminha em direção às grades que cercam as imediações do Palácio da Alvorada. Mais próximos a ele estão os seus apoiadores. Um pouco mais à frente, e separados por um espaço vazio, os jornalistas.

O presidente faz-se ver e fotografar. Tira selfies, interage com aqueles que com ele vêm ter. Mesmo em tempos de pandemia internacional do novo coronavírus, deixa-se tocar por sua claque palaciana, que o espera diariamente. Esta anseia pela aparição do presidente, ávida por desfrutar das afrontas a jornalistas e à política instituída.

---

1. Texto modificado do originalmente publicado no *Nexo Jornal* em 12/05/2020.

Da Idade Média à Revolução Francesa existiram, tanto na França como na Inglaterra, reis milagreiros que, apenas com seu toque, curavam seus súditos. O historiador francês Marc Bloch, em *Os reis taumaturgos*, se debruça sobre como soberanos restabeleciam a saúde daqueles acometidos por "escrófula", enfermidade originada da tuberculose, e que se manifesta na pele do pescoço sob o aspecto de gânglios, secreções malcheirosas e inchaços descomunais.

As descrições dos rituais da cura pelo toque são impressionantes: duram horas e movimentam multidões de súditos em fila, esperando a sua vez de entrar em contato físico com o rei. A ritualística ocorre com toda solenidade e pompa que se pode imaginar atribuída ao momento em que o soberano exerce seu poder sobre-humano.

Para Bloch, refletir sobre a cura pelo toque lhe permite mergulhar na história da mentalidade política europeia. Afinal, tocar para curar não era um fenômeno periférico no exercício do poder real. O ritual compunha a engenharia política que estruturava um Estado monárquico extremamente ordenado e hierárquico, que encontrava nos poderes sobrenaturais do rei a sua legitimidade.

Caberia perguntar, seguindo Bloch, em que medida o ritual criado por Bolsonaro revela algo a respeito de nossa mentalidade política contemporânea? À primeira vista, a estrutura ritual parece mantida:

pessoas aproximam-se do mandatário na expectativa de que algum tipo de recuperação ocorra. A melhora almejada por seus seguidores é entendida como um desejo de curar o Brasil dos efeitos dos desgovernos anteriores.

A pandemia de Covid-19, entretanto, torna patente o outro lado desse projeto.

Quando os sinais são invertidos e tocar converte-se em um nefasto ritual de adoecimento, Bolsonaro emerge como antitaumaturgo, verdadeira fonte de transmissão de enfermidades — senão por si próprio, ao tocar o nariz e cumprimentar apoiadores, certamente pelas aglomerações que deliberadamente engendra. Nesse sentido, é significativa sua relutância em apresentar seus exames de Covid-19, que poderiam atestar que ele cometeu um crime ao descumprir a quarentena e contaminar pessoas sabendo-se enfermo.

O antropólogo libertário David Graeber argumenta, em *On Kings*, que existe uma guerra sem fim entre povo e soberano: a população tenta impor limites, e o mandatário almeja exercer seu poder de maneira desenfreada. As estratégias para lidar com essa guerra variam. Se até poucos anos atrás podíamos falar de um consenso ao redor da democracia liberal para mediar esse conflito, figuras como Viktor Orbán (Hungria), Vladimir Putin (Rússia), Recep Erdoğan (Turquia), Benjamin Netanyahu (Israel) e

Jair Bolsonaro irrompem como líderes populistas de extrema direita que explicitam uma busca sem mediações pelo exercício do poder sem freios.

Graeber traça sua arqueologia do conceito de soberania a partir de certos elementos que se repetem: o rei estrangeiro, alguém chegado de fora do grupo social que governa; o caráter bufão do rei, que cria formas de se fazer obedecer em tom de palhaço; e o caráter civilizatório do projeto político, que relaciona a origem do poder com avanços, como o domínio do fogo ou de técnicas da agricultura.

Todos esses elementos encontram correspondentes no bolsonarismo. Bolsonaro é visto como alguém alheio ao sistema político — e ter sido um deputado federal medíocre joga a seu favor. Ele não é levado a sério — ser tido como inábil, incapaz e ignorante amplia seu poder. Bolsonaro reivindica para si um caráter transformador — consertar o país por meio de medidas neoliberais radicais e do uso de violência e punição pelo Estado.

É, porém, um quarto elemento elencado por Graeber que merece maior atenção: a relação entre soberano e mortos. Para o soberano, a linhagem dinástica é sempre ambígua, representa tanto fonte de legitimidade quanto ameaça de se governar à sombra de alguém mais grandioso. Exercer o poder é escolher com que mortos se aliar. Bolsonaro não

hesita em comungar com torturadores. Seu pacto com os mortos é um pacto com os assassinos de outrora, um pacto com aqueles que dispõem do corpo alheio para ouvir a verdade que desejam.

Voltemos ao ritual palaciano de Bolsonaro. Ele é marcado por um desencontro profundo, um desentendimento não sujeito a conciliações. O que ali é performado na perspectiva de seus partidários como cura redentora para o país, é visto por seus adversários como temerosa escalada autoritária.

A performance ritual é marcada por uma inversão do coro teatral. No teatro épico, tal como relido pelo dramaturgo alemão Bertolt Brecht, o coro cria um diálogo direto entre ator e plateia, que visa deixar clara determinada posição crítica ao público. Com Bolsonaro, o rito do poder não deixa espaço para questionamentos. O presidente é enaltecido e louvado por sua claque a cada resposta, as chamadas *mitadas*.

É por meio desse ritual que o presidente demonstra seu desprezo pela política vigente e esboça a instauração de uma nova ordem dependente dele e de seus filhos. Destruir, achacar e ameaçar sem que lhe pareça crível qualquer tipo de punição, acreditando-se seguro, ou ao menos construindo uma postura desafiante, de que nada poderá lhe acontecer. Eis a morada última do autoritarismo.

CONFISCAR O TEMPO, SEQUESTRAR OS CORPOS

Gostaria aqui de aprofundar um ponto, apenas pincelado anteriormente: a projeção do corpo de Bolsonaro sobre o corpo da nação torna os cidadãos prisioneiros seus. Bolsonaro torna intrínseca esta relação entre o seu corpo e o país, ao conjugar corpos torturáveis e matáveis com a instauração de uma nova ordem política, dependente dele próprio. Afinal, parece ser o corpo do presidente que importa, quando formula: "depois da facada, não vai ser uma gripezinha que vai me derrubar".

Há uma confusão proposital entre o corpo do presidente com o corpo da nação. Tal pensamento tem uma história precisa nas instituições modernas ocidentais — repleta de misticismo, vale dizer. Ernst Kantorowicz realizou um estudo detalhado sobre o argumento de juristas e teólogos medievais de que o rei possui dois corpos: um corpo físico, sujeito à morte; e um corpo abstrato, que se mistura com o corpo da nação e é imortal. Kantorowicz fala de um fundamento jurídico que surgiu na Baixa Idade Média, mas se recusa a acreditar que ele tenha ficado restrito ao passado. São "axiomas de uma teologia política que, *mutatis mutandis*, continuaria em vigor até o século XX". Sua referência é explícita ao nazis-fascismo europeu, que floresceu concomitantemente à pesquisa histórica do autor.

A necropolítica bolsonariana está calcada em violências cometidas no passado. É esta a forma que o presidente elencou para travar uma guerra contra todos que com ele não concordem, imediatamente transformados em inimigos. Se governar é sempre aliar-se com os mortos, Bolsonaro não hesita em pactuar com aqueles mortos que, quando vivos, dedicavam-se à produção de mortos para criar a realidade que desejavam. Pois a tortura, sabe-se desde as pioneiras pesquisas de Foucault em *Vigiar e punir*, é uma máquina de produção de verdades, que não tem fim até que o torturado assuma aquilo que o torturador anseia ouvir.

Bolsonaro emerge como um presidente-torturador. Um presidente que encontra na tortura uma forma de criar um novo mundo. Torturar toda uma população para que o país adquira a forma que ele anseia em poder apreciar, tal como um escultor que se digladia diariamente com um rígido bloco de pedra a fim de esculpi-lo. Ao reativar a tortura, Bolsonaro ambiciona sequestrar o próprio tempo, recusando a elaboração de traumas sociais — ainda que tímidos e incompletos. Elaborações coletivas, como aquelas pretendidas pela Comissão Nacional da Verdade, estão na origem do sentimento de acuamento que alçou Bolsonaro ao poder.

Daí a politização do vírus por parte do presidente. Bolsonaro encontra nele um comparsa de tortura destrutivo e relativamente anônimo — como deve ser um bom auxiliar que infringe dor no corpo alheio. O vírus é utilizado pelo presidente em sua estratégia de terra arrasada. O confisco do tempo permite o retorno do passado da tortura. Hoje, ele toma forma como abate, um abate geral de corpos.

Apêndice
Xamanismo na esplanada

Um homem indígena de meia idade, balançando o seu maracá, em frente ao Congresso Nacional em Brasília.

Dessa imagem, nada tenho a não ser aquilo que vi de longe.

Não exatamente de relance, porque a cena transcorreu à vista de todos e por longo tempo. Não exatamente o meu tempo. Prolongava-se, em sua temporalidade própria, num ritual distendido. Relance, porém, na medida em que dele não pude me aproximar.

Apesar da minha curiosidade, não fui capaz de criar uma situação para uma conversa. Interrompê-lo estava fora de cogitações. Não se interrompe uma pessoa em processo de fazer mundos. Não se perturba alguém invocando uma realidade para competir com aquela que o sitia. Ainda assim, nutria a esperança de que ele parasse para poder lhe entrevistar. Ainda assim, essa expectativa me deixava um pouco envergonhado, tão compenetrado ele estava. Todo paramentado de cocar e penas. Olhos cerrados. Canto compassado. Compondo algo a que não tinha acesso.

Essa cena aconteceu em 2019, enquanto eu realizava, pela segunda vez, a cobertura jornalística do Acampamento Terra Livre. As perguntas que costumo fazer nessa situação — sua etnia? De qual região? Que aldeia? Como está a situação em seu território? — pareciam todas despossuídas de sentido diante da força daquele gesto.

Eu estava agitado, voltando de uma temporada relativamente longa de quatro meses na Amazônia — entre as aldeias tupinambá do Rio Tapajós, imigrantes venezuelanos acampados em Manaus, e uma investigação sobre as técnicas de cura dos índios Tukano do Alto Rio Negro. Se dormi quatro dias com a rede atada a um mesmo lugar, foi muito. Algo eufórico, certamente devido à exaustão, procurava indígenas de diferentes partes da Amazônia que estivessem em Brasília, para darem depoimentos, e formular rapidamente uma matéria para ser lançada no mesmo dia. Um tipo de cobertura jornalística que, por implicar certo êxtase imediatista, impede um mergulho mais profundo naquilo que demanda ser narrado.

Em meio a minha afobação, observava aquele senhor que também ia de um lado para outro, em movimentos elípticos. Ele poderia dar a impressão de estar alheio a algo. O mundo seguia ao seu redor, e ele seguia. Passos firmes, marcados. Nenhuma afobação.

De certa forma, sim, ele estava alheio a algo. Apenas na medida em que alhear-se envolve um certo apartamento de determinada situação ou local. Alheio, costumeiramente, refere-se ao estrangeiro, ao estranho, ao de outra nação. Apartado daquele mundo, os maracás que tocava tinham uma função de sobrepor-lhe outro, o seu próprio, um mundo autóctone tomando o lugar do mundo forâneo tornado nação. Os maracás como ferramenta de um movimento dinâmico de afastar-se para emergir de seu próprio mundo, alhear-se para voltar distinto.

Os maracás, para a cultura indígena, têm uma função no interior do xamanismo. Permitem uma forma de comunicação, um voo para um tempo outro, ainda que presente, em que humanos e animais se comunicam. Alguns antropólogos sustentam a tese de que o xamanismo teria se fortalecido com a diminuição das guerras interétnicas. O plano belicoso foi transposto para o plano xamânico. Tampouco parece fora de lugar inferir que a posição antes ocupada pelos inimigos próximos das guerras intertribais tenha sido usurpada por um inimigo outro: o invasor branco.

Convertida em quartel general do invasor, no topo de seu planalto, Brasília faz pouco caso do poder de arcos e flechas, rezas e maracás. Cidade planejada a serviço da expansão do modo de vida do invasor branco sobre os modos de vida já existentes. *Interiorização do Brasil* não passa de uma formulação rebuscada para designar o aprofundamento do genocídio. Expandir a terra arrasada. Estratégia que tem no planejamento de Brasília sua expressão mais evidente. O Congresso Nacional, onde alas militaristas e ruralistas maquinam mais terras para monocultura, conluem para transformar florestas em descampados, tramam por mais venenos, colidem seguidamente com os indígenas.

Na tenda em que ocorria grande parte dos eventos do acampamento indígena, próximo ao Teatro Nacional, cerca de um quilômetro da Praça dos Três Poderes, um dos organizadores alertou, no dia anterior, pelo microfone: "não vamos entrar na lógica de violência dos brancos. Não vamos aceitar provocações. Vamos lutar com as nossas armas: cantos e maracás". Ele temia a violência da repressão dos brancos, inflamados pelo governo de Jair Bolsonaro, notório por disseminar mentiras explícitas pelas redes sociais e falas de ódio contra as populações indígenas. O ambiente militarista de que o país se tornou refém também indicava a iminência de um conflito.

Recorrer aos maracás. Assombrar a fortaleza inimiga com sua própria forma de fazer mundos. Abrir um canal de comunicação com um mundo cuja existência aquele Congresso não admite e faz tudo para destruir. Constranger a realidade que lhe ameaça com a sua própria. Passos firmes. Mãos em riste. Agitando chocalhos. Murmurando palavras inaudíveis.

FÁBIO ZUKER é escritor de não ficção, e dedica-se principalmente a ensaios, crônicas e reportagens. Trabalhou em projetos curatoriais, como a Casa do Povo, Vila Itororó Canteiro Aberto, entre outros. É mestre em Ciências Sociais pela EHESS-Paris e doutorando em Antropologia Social pela Universidade de São Paulo. Como jornalista, colabora com a agência *Amazônia Real* e já escreveu para *National Geographic*, revista *Piauí*, *Le Monde Diplomatique*, *Agência Pública*, *Nexo Jornal*, revista PISEAGRAMA, *O Estado da Arte*, entre outros meios. Nos últimos anos, tem trabalhado especificamente com histórias relacionadas à floresta amazônica, buscando uma escrita "de perto", junto às pessoas que vivenciam o processo de destruição de seus territórios e suas formas de resistência.

Este livro foi composto em tipologia Formular e
Libertine e impresso sobre papel Offset 90g pela
primeira vez em agosto de 2020, com diversos
sofwares livres, entre eles, LuaLaTeX, git & ruby.